走出乡土

对话费孝通《乡土中国》

陈心想 著

生活·讀書·新知 三联书店

Copyright © 2017 by SDX Joint Publishing Company.
All Rights Reserved.

本作品版权由生活·读书·新知三联书店所有。
未经许可，不得翻印。

图书在版编目（CIP）数据

走出乡土：对话费孝通《乡土中国》／陈心想著．—北京：
生活·读书·新知三联书店，2017.4（2022.10 重印）
ISBN 978-7-108-05661-0

Ⅰ.①走… Ⅱ.①陈… Ⅲ.①社会变迁－中国－文集
Ⅳ.① K02-53

中国版本图书馆 CIP 数据核字（2016）第 048990 号

责任编辑　王海燕
装帧设计　刘　洋
责任印制　董　欢
出版发行　生活·讀書·新知 三联书店
　　　　　（北京市东城区美术馆东街 22 号 100010）
网　　址　www.sdxjpc.com
经　　销　新华书店
印　　刷　河北松源印刷有限公司
版　　次　2017 年 4 月北京第 1 版
　　　　　2022 年 10 月北京第 3 次印刷
开　　本　880 毫米×1230 毫米　1/32　印张 10.625
字　　数　202 千字
印　　数　09,001-12,000 册
定　　价　39.00 元

（印装查询：01064002715；邮购查询：01084010542）

推荐语

美国杜克大学教授　林南

费孝通的"差序格局"理论在学术界影响深远。一些人认为它反映了过去那个扎根在"泥土"的家族和地缘构架里的中国；而另一些人认为"差序格局"不仅在过去的中国广泛存在，而且现在依然如此。陈心想结合自己从乡村到城市，以及海外的经历，通过观察中国过去30年的变化，利用其"西方"学术思想的学养，阐释了费先生对过去中国的叙述到当下整个世界中的中国这一智识发展轨迹。这一轨迹反映了"过去"和"现在"之间的继承和变迁。在这一精彩纷呈并富有挑战性的分析中，诸如团体与差序、爱情和婚姻、血缘与地缘、法治和德治等都有涉及，交互呼应，融为一体。就费孝通的作品对理解中国方面的贡献，一直在持续不断地被探讨着，这本论著在这方面做出了自己的贡献。

Fei Xiaotong's monograph, "Differential Mode of Association," has had extensive impact in the contemporary scholar community.

Some consider it reflective of China in the past, embedded in the "earthy" familial and territorial frame; while others consider it as a pervasive reference of what China has been and is. Xinxiang Chen, combining his personal journey from the rural to the urban and to the global, his witness of changes that have taken place in China in the past three decades, and his scholarly knowledge of "western" thoughts, explicates an intellectual route from Fei's depiction of China of the past to a China in a contemporary and global world. This route reflects both integration and changes between the "past" and the "present". Institutions such as collectivity versus differentiation, love versus marriage, blood versus location, legal versus moral authority, are employed and inter-woven in a fascinating and challenging analysis. The monograph is a valuable addition to the continuing dialogue on the contribution of Fei's work to understanding China.

目　录

序言一　"走出乡土"之后怎么办 / 许倬云 ········· 1

序言二　隔代一书谈，回首百年身 / 郑也夫 ········· 7

前言 ········· 43

一　乡土本色：走出乡土 ········· 57

二　文字下乡：乡民进城 ········· 72

三　乡土文化传承：乡村精英流失 ········· 94

四　差序格局：双线运作 ········· 112

五　维系着私人的道德：追寻同等的"爱" ········· 138

六　聚居家族：独立家庭 ········· 155

七　男女有别：爱情崛起 ········· 176

八　礼治秩序：法治社会 ········ 195

九　无讼：信访 ······· 215

十　无为政治：自治组织 ········ 232

十一　长老统治：文化反哺 ········ 249

十二　血缘和地缘：两个世界 ········ 266

十三　名实的分离：传统与现代的张力 ········ 285

十四　从欲望到需要：从知识到工程 ········ 299

附录：《乡土中国》60年杂话 ········ 319

作者后记：缺席的对话 ········ 327

序言一 "走出乡土"之后怎么办

陈心想先生送来大作《走出乡土——对话费孝通〈乡土中国〉》,吩咐我撰写一些意见。这个题目,是针对费孝通先生《乡土中国》而著。费先生从他的田野调查《江村经济》,发展为《乡土中国》,成为中国社会学上的里程碑。那是20世纪40年代的事情。从那个时代到今天,中国经历六七十年翻天覆地的大变化。超越中国,这六七十年来的世界,也是经历了许多剧烈的变化。

中国发展农业,当然发轫于新石器文化时代,经过长期演变,战国时代已经开始精耕细作的农耕经济,秦汉的长期稳定,中国地区内部的区间资源流通,发展了中国内部的市场网,促进了大地区的经济整合。精耕农业与市场交流,使中国的广土众民,都笼罩于一个庞大的经济、社会网络之下。数千年来,这一"华夏集团"呈现为人类历史上最巨大、最长久的复杂共同体。

中国的乡土社会，从宋代孕育，以至于到20世纪，将近千年之久，为庞大的中国共同体维持了一个非常稳定的基盘。这个稳定的农村社会，有利也有弊，其利，在于高度稳定性，而在稳定之中，又容许相当程度的社会流通；其弊，则是因为差序格局的伦理观念和社会关系，每一个人都被绵密的网络，定位于一"点"，经过这一"点"和其他的个人，遵循特定的相对关系，界定其彼此之间的相对地位。个人能够自由发挥的空间并不多，可是也保障了不同层次群体的内部安定和对外的安全。这个差序格局下的乡土社会，建立在血缘或是地缘群体基础上，也建立在并没有严格阶级化的自由流通的社会基础上。

"走出乡土"，乃是19世纪以来，中国必须面临的抉择。先是，以城市为基础的西方工商业文化，逼人而来；最近一个世纪，全球又经历加速度的科技发展和经济全球化，中国残余的乡土社会，更难延续。然而，这一脱胎换骨的过程，还不得不影响及于性情精神，又岂是"出埃及"足以描述？

费先生撰写《乡土中国》时，其实乡土中国已在逐渐衰微，因此，他才要努力于第二阶段，如何重建乡土？20世纪50年代以后，虽然政权建立在农村上面，可是，农村与城市一样，也在强力的种种运动干预之下，经历了不断的变化。暴力之下经历的转变，其破坏性，不言而喻。最近，大规模的城市化计划，强制地将农民移入高楼大厦，希望由此将以农村为基础的中国，立刻转变为以城市为基础。从外面看，不能不说，这是揠苗助长，"苗"则槁矣。

放眼世界，从"二战"以后，全球的农业都被化肥以及杀虫剂的大量使用，改变了农业生产的性质。农业的工业化，也将农民与土地的关系，彻底转变，农村与市场的关系，也不复旧观。六七十年来，全球性的企业发展方向，很多农村萎缩至几乎不再存在。大型城市出现，以及因为产业的急剧变化，人口移动非常迅速，居住的形式也完全转变为高楼大厦内的小隔间。城市内部的社区和社群，不论是发达国家或是发展中国家，都迅速消逝。街道上，人潮汹涌，但是举目都是陌生人，群众之中只有寂寞者。

在群体离散的同时，由于"二战"前后，几次集体主义政权对于个人的压迫，促使许多人憧憬于个人的自由。从20世纪60年代以后，欧美主要的发达国家，都在保护个人自由方面，尽了极大的努力。在各种层次，自由开放的社会，其公民都一步步铲除约束个人自由的任何障碍。宗教信仰、职业限制、种族不平等，等等，都在这一浪潮下，不再能够约束个人的发展及其个人的决定。最近，美国大法官会议肯定了同性别婚姻权。这是将人类社会许多分类的界线中最后一条自然形成的界线——性别，也铲除了。在人类历史上，第一次人类可以有机会，享受完全的自由。可是，另一方面，所有的类别都消失后，"个人"将无所归属，欧美这些已经高度城市化与自由化的社会，却是正在面临碎裂（fragmentation）。

一个完全自由的流动社会，其中个人将成为只能依靠自己，或者依靠法律保障的个体。这许多单独、离散的自由个体，将如何面对以国家公权力形式出现的暴力？将如何面对掌握金权的财团？如果有一天，有一批军人掌握了足够的武器，社会上许多自由个体，又如何抵御这些掌握了武装力量的暴力？

因此，如前所述，我读到《走出乡土——对话费孝通〈乡土中国〉》的大作时，难免有所感慨：走出了埃及，是不是真的走到牛奶与蜜糖的乐土？假如知道前面将是一片草原，散乱的牛羊，无法抵抗种种暴力的驱赶和宰割——这些暴力，包括金钱、武力和强大的权力。那么，我们还能设计一些预防这些灾害的机制吗？"社会工程"自古以来，是人类的梦想，总以为我们可以设计出一些方案，替人类创造福祉。但是一次、一次，我们发现，以人类知识的限度和人类欲望的无限，种种设计，都会由善意开始，而以被人篡夺、以满足其权力欲终止。

虽然面临如此令人沮丧的局面，我们还是不能放弃希望。回顾人类还是一群野兽的时代，他们不能以个别的人，对抗恶劣的环境，也无法抵抗凶猛的虎豹豺狼，终于，人类以合作的集体力量，找到了自存之道。在渔猎的时代，已经很难以个人的一手一足，取得生活的资源。到了农耕时代，人类开始定居，也开始集体分工，开拓田野，取得稳定的维生资源。这时候，人类知道，个人不能放纵欲望，自由的另外一面是责任，在人与人之间，必须要有一些彼此间的容忍，才能互相帮忙。

这一些觉悟，使得人类发展了道德，也净化了感情，两者的合并，成为人间的伦理。在伦理基础上，建构社群，发展为更大的复杂社会。这一个长达数万年的经验，我相信，还是必须继续发展。亚当·斯密在《国富论》之外，还写过一本讨论道德与感情的《道德情操论》。后者讨论的问题，其实比前者更需要注意。而且，亚当·斯密指陈的道德情操，要义在于推己及人：要求大家在图利之时，明白"人、我"与"群、己"的互利。凡此观点，何尝不与儒家仁恕要旨相符？

陈心想先生的这本书，再次提醒我们，无论何处，社会永远会经历改变，改变以后如何调适，则是我们自己的责任。我们不能放弃救世的理想，却也不能不设预警之心：防止更多灾害的警惕。

对我而言，谈到"乡土"这个题目，也引发不少感触。私人的感情而言，费先生是我在匹兹堡的前辈学者杨庆堃先生的挚友。费先生的"乡土中国"和杨先生的邹平集市系统的研究，两者都对中国传统社会的结构，提出了极为深入的了解和阐释。他们二位都是中国社会学的开山鼻祖，为中国社会学研究奠定了坚实的田野研究基础。他们二人的遭遇却并不完全一样。费先生研究"乡土中国"，目的不是仅在于对"乡土中国"的理论解释，而更关注如何将传统农业基础的农村，转化为以工商为副业，以重建中国已经凋敝的农村。所以，他另外一本大著，就是《乡土重建》。他的自我期许，是为了替中国农村社会的转型做一番设计。费先生在西南联大教书时，参加《观察》杂志的"笔队伍"，他的著作，在抗战的后期，脍炙人口。他对于民主的中国实现，不仅寄予极大的希望，也尽其鼓吹之力。1950年以后，他的名作《知识分子的早春天气》，也是代表读书人敢言的勇气。此后，他遭遇迫害，但是又始终要顶着一些头衔，使他自己痛苦万分。

他的同窗朋友杨庆堃先生，1951年离开中国，在美国有比较自由的发展天地，在社会学方面的贡献，杨先生的集市系统研究理论，被施坚雅发挥，成为社会学的显学。杨先生自己的研究工作，转移到宗教社会学方面，在这个专题上，开拓了一片广大的新天地。1950年以后，在中国，社会学基本上被一笔勾销，要到20世纪70年代以后，杨先生受费先生等国内学者的委托，才尽力在海外，设法训练从国内派出来的一些学生，重建中国社会学的教学研究。如果中国没有翻天覆地的大变化，以他们二位继续合作的成果，中国社会学的发展，又岂止于今日而已？陈心想先生，比费、杨二位晚生65年，我读到他的文章，内心的感触悲欣交集。伤心的是，要到三个世代以后，费、杨二位的工作，才有人真正接下去。欣喜者，三个世代以后，有这么一批人能接下去。

许倬云谨志
2015年7月

序言二　隔代一书谈，回首百年身

2005年4月24日费孝通先生去世，翌日有记者来电话邀我写篇文章。我说，我不是合适的人选，我不是费先生的学生和崇拜者，且对他晚年的思想观点和道路选择颇有些不同看法，说这些显然不是时候；此刻要么有独家材料，要么说点场面话。你找朱学勤吧，他手上有不少盘与费先生谈话的录音。

以后我一直想找机会谈谈费先生。不期久久地沉浸在个人智力生活的某些兴趣中，当然是纠结于社会历史，一晃竟是十年了，真不知从何说起。这当口，接到陈心想兄的邮件，他刚完成这部与费孝通对话的书稿，要我写篇序。这无异于赐我谈论费孝通的机会。如何破题？好比两位学者切磋学理于斗室，敝人碰巧闯进，若引为同道，何必寒暄，径直加入讨论好了。

一、文字下乡：需求与供应

费孝通在《文字下乡》一节中说：有些人因为乡下人不识字而认为他们愚蠢，而文字下乡难是因为在"面对面的社群"，在其工作生活中，不需要文字。陈心想反驳：

> 他仅从熟悉社会只需要语言、不需要文字来解释为何乡土社会缺乏文字，不免过于片面简单了。费孝通先生还是外来者，对乡村人不够了解。他们真的不想学习文字？首先，乡村里认字的人身份上就不一样，在大家眼里那是认字的、有学问的。……其次，从实用的角度说，认识字了，说不定什么时候就派上了用场……"技不压身"……阻碍文字的下乡，关键在于两个方面。一方面是乡村穷，上学认字大概是比较奢侈的。……另一方面是缺乏教授文字的人才，即使有些人家经济上可以支付得起，也找不到老师。经济学里有个供应学派，认为供应创造了需求。

陈说"费孝通先生还是外来者，对乡村人不够了解"，言重了。我一向反对当事者自以为在认识自身事物上比外来的研究者有优势。况且费孝通此说，是有经验根据的。他在以调查为基础的《江村经济》中说：

> 学校里注册的学生有100多人，但有些学生告诉我，实际上听课的人数很少，除了督学前来视察的时间外，平时上学的人很少超过20人。……如果你在村里走一走，就可以看见到处有三五成群割草的孩子，有些还不到10岁。……文化教育的价值在人们眼里，还不如孩子们割草直接为家庭收入做出的贡献大。（《江村经济》第三章第五节，第十三章）

费的根据出自一个小时空，而《乡土中国》虽为小书，却意在概括一个大时空的特征。书名即可证明。乡土当为中国空间之大半；作者未设定时限，就是说他要概括漫长历史中延续、积淀成的乡土社会特征。内容更可证明：差序格局、礼治、无讼、长老、名实分离，均为大时空的乡土社会的特征之概括。不幸，20世纪30年代江村的那个小时空中文字与教育的衰微，未必反映大时空的特征。此前不是如此，此后的情况亦不同。

清代以前的中国传统社会中，私塾遍布城乡。费孝通民国二十五年（1936年）在开弦弓村看到村民生产生活中没有文字的需求，是个事实。而宋元明清中国乡村私塾中分明弦歌不辍，是另一个事实。后一事实说明，那里曾经有教育，它不是帮助生产生活，而是服侍科举功名。1905年废除科举。

费孝通1910年出生，1916年入吴江县第一初等小学，1920年举家迁居苏州，入振华女校。1936年他入吴江开弦弓村调查的时候，科举已经废除31年，很可能那是该村落历史上文字最衰微的时刻。26岁的费孝通看到了这一幕，且从自己十岁前乡村生活记忆中，调不出私塾时代文字学习的印象。

年长费孝通35岁的齐如山1955年在台湾撰写《中国的科名》时慨叹：当年科场内外无人不知的一些行话，如今连研究者都搞不明白。说明当时中国人对当下的关切压倒了对昨天的记忆，故有了《乡土中国》中"文字下乡难"的原因推断。但另一方面，细节可以不知，历史大线条怎能不晓。吴江属于苏州，苏州是中国历史上数一数二的科举重镇。讲吴江乡村的文字遭遇，不该忘记此地当年私塾的繁荣。

科举废除之前，中国城乡的教育生态是平衡的。科举废除与西方教育的进入，直接导致城乡教育落差的形成。与《乡土中国》同年问世的《皇权与绅权》是很有味道的一本书。这本书中最好的文章当属费孝通，其次是吴晗。其他是学生辈的文章，其中史靖的《绅权的继替》我最喜欢。史靖是王康的笔名。1982年他是出席我硕士论文答辩会的评委，之前就和他有接触，感觉他对后辈和善热情，而学术上已不见光彩。我当时已经读过这篇文章，写作本文时才搞明白是他写的，惊异和惋惜那个时代对人才的摧残。史靖在这篇文章中这样概括近代教育变迁的特征和因果："从前分散在城乡村镇的教育方式改变成集中于城市，特别是集中于大都会的学校。过去的八股经义一类的教学科目改变为近代学校中的许多社会科学及自然科学的教程。……城市与乡村自然一向就有差异,但在早年无论城乡既都是建立在农业和手工业的生产基础之上的,所以仅有的一些差异也只限于程度。……(近代)教育的所得……在少数都市以外的地方是无法施展其本领的。"20世纪40年代能体会到这番道理不能说如何稀罕。能揭示出科举废除前后乡村教育的翔实变化,才是扎实的社会学研究。其实费孝通赴英留学前写的《江村通讯之四:格格不入的学校教育制度》中,简略地说及开弦弓村的私塾时期。但这段简述未进入日后的论文《江村经济》,更不要说将之扩展。其后的《乡土中国》竟然以开弦弓村一个时点上的教育特征,即"文字难下乡",定格无年代区分的乡土中国。

此颇耐人寻味。笔者的猜想是,费受其门派的影响。上个世纪20—40年代,功能学派如日中天。生物进化论造诣颇深的潘光旦早就看出马林诺夫斯基的"功能"与达尔文的"适应"的相近之处。"适应"就是善于在某环境中存活,而马派的观点是一种文化的功能是该文化不被淘汰(即存活)的原因。潘光旦在《派与汇》中说:"至于这学派是不是自觉到这渊源,承认到这渊源,我没有加以深究,不得而知。"笔者以为,这自觉是不存在的。功能学派并未全面领会进化论思想,它只相似于进化论思想的一半。后者认为,基因突变造就了多样的品性,诸品性在环境中经受考验,不适应者被淘汰。而功能论不问一种文化是怎么产生的。一方面它提出无功能的文化不能存活,这是对的。另一方面,它暗示该文化的功能是其存活和产生的原因,这是不对的,是目的论,错在一个事物的产生和其功能(也可说是其可以存活的原因)不是一回事。就是说,功能学派只关注文化的功能,漠视其产生的原因。略嫌偏狭恰恰造就了该理论的干净的逻辑性和超强的力度。潘光旦以其睿智窥见费孝通及其学派的隐患,他说:"学派的主张既成为不可动摇的大前提,于是一切探讨的功夫,名为自果推因,实同自因寻果。……则一切自家来的结果或不免把最后通达之门堵上。孝通在本书里有若干处是有些微嫌疑的。"他含蓄批评的是《生育制度》,而《乡土中国》中这缺点暴露最突出的是《文字下乡》一节。就是只从眼下功能之发挥去推断现象之原因,全然不看历史演化。

费孝通的隔代学子陈心想在透视文字下乡时提出了一对概念(当然不是首创)以求深化这一讨论:需求与供应。审视需求,显然费只看到了生产生活的需求,忘记了在乡村中曾与城镇同样旺盛的科举需求。用供应来审视,则一言难尽。

传统的经济学思想强调需求,认为是需求造就了供应乃至全部的生产生活。自20世纪80年代始,以吉尔德为代表的供应学派提出,供应也可以造就需求。自此,需求与供应的互动被广泛接受。他们讨论的对象基本属于经济领域,供应者为商人,即商人的天才创造和推销可以造就出需求。其实,供应不囿于市场和商人,在现当代社会中政府是公共服务的最大供应者。在"私塾—科举"的教育模式中,应该说,需求在先,供应跟进,不乏其他商品供求关系中每每呈现出的弹性。而政府作为供应者的出现,极大地改变了传统的"需求—供应"的关系。特别是在不受制衡的集权政体下,政府的供应可以无视需求方的愿望和利益。于是,在不同阶段,分别造就了政府供应与乡村需求背离、供应名存实亡、供应过剩乃至一些专横强迫的供应四类现象。其一,1922年民国政府颁布的教育法,即《壬戌学制》规定:所有儿童接受四年基础教育。但科举的目标没有了,而新式教育的内容与农村的现实严重脱节,乃至出现了费孝通所观察到的:除了督学前来视察的时间,注册的100名学生平时只有20人来上课。笔者不清楚,那时候乡村办学的费用谁出。其二,1949年以后的几乎半个世纪中,城乡教育呈现极大的差距。城市的教育国家出钱,农村则村民集资,即乡村的义务教育名实不符。其三,20世纪90年代政府推行高校扩招政策,在校生数量大大高于社会工作岗位的需求,让考生们饮鸩止渴,日后大批高校毕业生就业困难。其四,2001年教育部在农村推行撤点并校政策,强迫小学生离家到镇和县上读书,增加了家庭负担,破坏了农村文化生态。

陈心想在农村读书期间,正值义务教育名实不符,即政府"不供应"农村教育的阶段。他对此有切身体会,故难以接受费孝通"文字下乡难"的说法。

二、差序格局：费孝通与潘光旦

可以毫不夸张地说，中国高校社会学研究生入门考卷中最常见的名词解释是"差序格局"。这是因为中国社会学教授和学者们认为，中国社会学对世界社会学理论的最大贡献就是此一关键词。无疑，是费孝通在其《乡土中国》中首创了这个词。

笔者认同这一术语的价值和贡献，但与时贤所见不同的是，笔者以为，它非一人之功。潘光旦1940年发表《明伦新说》，1947年12月11日发表《说"伦"字》，1948年2月26日发表《"伦"有二义》，1948年4月发表《说"五伦"的由来》。费孝通是在潘光旦研究的基础上，思考和抽绎出"差序格局"的概念。

为说明以上判断，下面笔者排列出二人的大段文字，供读者判断，是否存在这一思想与概念上的承继关系。潘光旦的论述：

> 其实"伦"字是最有趣的一个字，比"忠、孝、仁、爱、信、义、和、平"一类的字要有趣得多。第一，它比这一类的字要具体而不抽象。……第二，"伦"字比所谓"八德"一类的字要来得概括。……"伦"字实在有

两种意义。……第一义,也是比较先出的一义,是类别,是条理。……"伦"的第二义,或许也是比较后起的一义,是关系。……后人的注把人伦解释作人事,我们在这里不妨认为所谓人事应该包括人的差别与人的关系。(潘光旦,1940年)

在中国讲社会学,最应该联想到的两个字是"群"与"伦"。……社会学也未尝不可以叫作伦学或伦理学。社会学所应付的对象,笼统地说是人群,比较更清切地说,更未尝不是"伦"字所代表的种切,而笼统地说自然不如清切地说好。如果我们接受一部分西洋所谓道地社会学家有如席穆尔(Simmel)、端尼士(Toennies)、斐塞(Von Wiese)等的看法,则这样一个译名更见得适当。不过早年从事于这学科的人事实上并没有想到这可能的译名,或虽想到而没有敢采用,可能是因为从事于道德学的研究的人已经捷足先登地把西文ethics译成了"伦理学"。……伦字从人从仑。《说文》说:仑,思也,从亼从册。……则我们可以的进一步解释是:思想需要条理,册指条理之分,亼指条理之合。……凡属从仑的字都有条理与秩序的意义。(接下来他讨论了"论、惀、沦、抡、纶"。——笔者)最后说到"伦"字,伦,从人从仑。《说文》说:"伦,辈也。"辈字也有类别和序次的意思。……《尔雅》《释名》说:"论,伦也;有伦理也。"《释名》于沦字下,也说:"伦也,水文相次有伦理也。"(潘光旦,1947年12月11日)

格局的不同是人我之分的最主要的因素，我之所以为我，与人之所以为人，是由于彼此格局的互异，而尤其要紧的，是此种互异的鉴别与体会。（潘光旦，1948年2月26日）

《孟子·滕文公上》的"教以人伦，父子有亲，君臣有义，夫妻有别，长幼有序，朋友有信"。……却没有说明数目，更没有用"五伦"的称谓。……纵观五伦之说的演成……自不能不承认宋代是一大关节。……理学的发达是宋代一大事实。……要在儒家中寻觅源流，最为沉鸷一气的自推孟子。孟子的地位便于此际突然地提高了。……从此，言关系必称伦，数人伦必称五，便愈益蒂固根深，不可移易了。（潘光旦，1948年4月）

费孝通在《乡土中国》中关于"差序格局"的论述：

以"己"为中心，像石子一般投入水中，和别人所联系成的社会关系，不像团体中的分子一般大家立在一个平面上的，而是像水的波纹一般，一圈圈推出去，愈推愈远，也愈推愈薄。在这里我们遇到了中国社会结构的基本特性了。我们儒家最考究的是人伦，伦是什么呢？我的解释就是从自己推出去的和自己发生社会关系的那一群人里所发生的一轮轮波纹的差序。《释名》于沦字下也说"伦也，水文相次有伦理也"。潘光旦先生曾说，凡是有"仑"作公分母的意义都相通，"共同表示的是条理，类别，秩序的一番意思"。（见潘光旦《说伦字》，《社会研究》第19期）

伦重在分别，在《礼记·祭统》里所讲的十伦，鬼神、君臣、父子、贵贱、亲疏、爵赏、夫妇、政事、长幼、上下，都是指差等。"不失其伦"是在别父子、远近、亲疏。伦是有差等的次序。在我们现在读来，鬼神、君臣、父子、夫妇等具体的社会关系，怎能和贵贱、亲疏、远近、上下等抽象的相对地位相提并论？其实在我们传统的社会结构里最基本的概念，这个人和人往来所构成的网络中的纲纪，就是一个差序，也就是伦。

....

中国的道德和法律，都因之得看所施的对象和"自己"的关系而加以程度上的伸缩。

....

团体格局的社会里，在同一团体的人是"兼善"的，就是"相同"的。孟子最反对的就是那一套。他说："夫物之不齐，物之情也。子比而同之，是乱天下也。"墨家的"爱无差等"和儒家的人伦差序恰恰相反，所以孟子要骂他无父无君了。

从以上文字，我们可以清晰地看到伦与差序格局的思想的产生和发展的脉络。我们再细看时间关系。费孝通1949年

1月版的《乡土中国》的版权页上写着："（民国）三十七年四月初版，0—3000；三十七年六月再版，3000—5000；三十七年七月三版，5000—7000；三十七年八月四版，7000—9000；三十七年十一月五版，9000—11000；三十八年一月六版，11000—13000。"十个月内印了六次，说明《乡土中国》显然是当时的畅销书。至于畅销到什么程度，要图书史专家来说话了。印数显然包含一些有趣的信息，故顺便写上。以上引述主要是想坐实这本书初版于1948年4月，因为费孝通1984年在这本书的重刊序言中说："这书出版是在1947年。"这说法拐带着出版社在书上印着"据上海观察社1947年版排印"。而潘光旦上述四篇文章中的三篇，发表于《乡土中国》之前，其中第二篇费孝通在该书中还引用过。"类别，秩序，差别与人的关系，格局"这些字眼，潘的文章中都有。他甚至将"伦"提到sociology当初应翻译为"伦学"的高度。费孝通的贡献在于道出了一层潘未明确表达的意思，"中国的道德和法律，都因之得看所施的对象和'自己'的关系而加以程度上的伸缩"，并提出了一个精当的术语"差序格局"。

国学是费孝通的短板。一位研究费孝通的学人告诉笔者：他从英国留学归来谋职，曾被一所机构拒绝，认为他国学太薄。我很震惊。一方面费有国学之外的学术强项；另一方面他对当下的社会有超强的敏感，几年后成为中国最活跃的公知。我一直以为，社会学系不是数学系、物理系，若该系中一位公知都没有，将是一大缺憾。笔者尚未证实此说，但其他资料似可说明：费不喜欢也不擅长训诂和国史。王铭铭曾问费在民国时代与"中研院"的关系。费说："当时我们燕京社会学家对自己的理论水平非常自豪，看不起'中研院'的专家，他们只会摆弄一下档案，研究一下古史。在我们看来这是很笨的。他们也不喜欢我们，认为我们是一群时髦的年轻人，根本不懂历史。……哦，那个人（凌纯声），典型的'中研院'派。"费对凌纯声的评价不客观，凌纯声文献和田野都在行，其《松花江下游的赫哲族》（1934年）是中国第一部田野调查的人类学著作。纵观费孝通一生的著作，笔者仅见他在1934年发表的《周族社会制度及社会组织一考》中做过文字训诂，而在该文后记中他还说："作者以为，今后社会史的研究，宜由有现实物可据之民族学及考古学入手，似不应再沿用旧有之考据方法，在旧书堆中讨出路。故此文久久未敢发表。"由此更可判断，他只是"伦"的思想展开的二级火箭，原创不是他。"差序格局"后面的主要思想是潘光旦提出的。

笔者一向以为，中国社会学前辈中，非一枝独秀，有双峰并峙，即潘光旦和费孝通。学术研究非常重视独创。一项独创即可提升一个学者的学术地位。若"伦与差序格局"的思想是费孝通独创，则可以奠定其在中国社会学史上的首席地位。但若撇开这一贡献比较二人，笔者认为，潘第一，费第二。

语言能力是学术的基础。潘的古汉语和英文都好于费，前者古汉语几乎无须多说，关于英语费盛赞过潘。在美国读书任教大半生的何炳棣在晚年的自传中举出潘光旦谈外文好的三项标准，可见潘英语能力之一斑。语言能力当然包括表达。而在语言表达能力上二人几乎不分轩轾，但风格有异。费雅俗通吃，潘可能打高不打低。世界中世纪史教授戚国淦先生曾对笔者说，当年潘光旦先生的生花妙笔，令他如醉如痴，追踪其每篇文章。陈毅与潘第一次见面，就说从各处寻你的文章看。潘初以为客气，后才知所说属实。读读《冯小青考·余论》便知23岁时潘光旦的文字已好到什么程度。费的文字的特长是深入浅出，举重若轻，真佛只说家常话。我读上海人民出版社2006年版的《江村经济》，觉得语言亲切，分明是费的手笔，那封面和版权页上均只有作者，而无译者。但深究一番，知道译者是戴可景。不知改版怎可删掉译者。但这译文，令我想到另一层，就是费孝通行云流水般的文字后面是其异常清晰的思维。

潘之博学，社会学界的死人活人均无出其右。文史就不要说了。便是社会科学的理论，读读《派与汇》当知费孝通难望其项背。费的优势不在学问大，甚至可以说，费的学问不够大。

从学术成果看，二人均有兴趣致力于绅士研究，且开始了一项大的合作，惜因政治气候所迫，《科举与社会流动》（1947年）问世后便告中辍。此为中国社会学研究无可挽回的损失，如此珠联璧合我们休想目睹二次。霭理士《性心理学》中有七万字是潘从中国资料中得出的注释和论述。笔者以为，其贡献可与费的《生育制度》持平。费有深入的农村乡土研究。潘有广博的人文思想研讨。潘的教育学思想独到、深刻、博大。潘还有家族谱系的研究。两相比较，潘占上风。

两人都写作了大量的有学术根底的杂文。费孝通接受朱学勤等人采访时，两次说到自己是中国最好的专栏作家，一次是自称，一次说："《时代周刊》（*Time*）和《纽约时报》（*New York Times*）说我是中国最厉害的专栏作家。"费专栏文章的高峰期是《观察》时期。《观察》杂志是个周刊，1946年9月创刊，1948年12月被政府查封，共出版128期，窃以为以后的全部中文刊物无出其右。费是该杂志中撰文最多的作者。同时他还伺候《大公报》和《中国建设》。说1946年到1948年，费的专栏文章一时无两，是靠谱的。而潘的杂文自1935年至1948年，长流不息。可能1946—1948年数量和影响低于费，但若比较二人全部文章的质量和数量，潘绝不输于费。通过杂文，二人向社会普及了社会学的思考方式。

三、人治礼治，无为有为

我以为学术生活就是争论。如果学术圈子中见到了对某人的集体性赞颂，那一定是伪学者成灾了。陈心想极其钦佩《乡土中国》，同时也在多处持有不同意见。最不能接受的好像是《礼治秩序》一章中费孝通否定"人治"的观点：

> 我很怀疑这种"人治"是可能发生的。如果共同生

> 活的人们，相互的行为、权利和义务，没有一定规范可守，依着统治者好恶来决定。而好恶也无法预测的话，社会必然会混乱，人们会不知道怎样行动，那是不可能的，因之也说不上"治"了。

我觉得二人的阐述都有道理，也都有矛盾或纰漏。

我应该是1982年读到《乡土中国》，还是民国的版本。最令我震惊的观点之一就是"礼治"，陈心想说：

> 我们通常认为，传统社会是人治社会，现代社会应该是法治社会。

读《乡土中国》之前我接受的就是这样的认识。那应该是改革开放初期的一种解放的、进步的认识。即认为"文革"及其之前，贯穿整个传统社会的都是人治。而费孝通告诉我们：传统社会是"礼治社会"，仅靠人治，不能治理，必然混乱无序。我读后觉醍醐灌顶，非常信服。如果陈心想觉得传统社会就是人治社会，我确实认为费孝通说得更有道理。陈心想说：

> 对某官员有利的法律条文，该官员就可以让其发挥作用；若对之无利或有害，则视若无物，或恶意篡改。当然，他的上司也会这么做，都是有选择性的，这样就

是一个有规则（潜规则）和无规则（无视规则）之间的博弈。这就是所谓的"人治"社会秩序。

费孝通前文的反驳很有力了："好恶也无法预测的话，社会必然会混乱，……因之也说不上'治'了。"我同意，那不是秩序，而是无序。不能因为渐渐习惯了无序，就将之视为一种秩序。

但是，改革开放初期，人们概括之前的社会是人治社会也没错，错的是扩大到了全部传统社会。我们可以设想，如果没了礼治（所谓礼崩乐坏，此非不可想象），也没了法治（同样不是不可想象），我们将遭遇到什么样的社会，不是人治社会是什么？

费孝通说传统社会是礼治社会，靠谱。陈心想赞同人治社会的存在，没错。那难道我们在人类历史上独一无二不成？这不太可能。就是说，传统社会靠礼治为其带来秩序，在礼崩乐坏的时期就是人治。人类历史中有序与无序间隔发生，但无序绝非主流。因为传统社会中秩序在更大程度上不是皇权而是礼治带来的，而皇权通常不破坏礼治；皇权瓦解的时刻，巨大的破坏力量可能在某一时期、某些地域，殃及礼治。

如上所述，我们可以拓展和改良费孝通的思路。从古到今，存在着礼治、法治、人治社会状态。前两种意味着秩序。第三种在措辞上较为勉强，因为"治"有秩序的含义。法治社会中不可能没有"礼"在发挥作用，但其秩序的主导是法律，故称法治社会。清代社会是礼治社会，其虽有大清律，却不是法治社会，因为其法律不是至高的，皇权在其之上，地方官也常常一手遮天。人治社会中"法"和"礼"也并非没有丝毫的作用，只是"礼"衰微，而法律遭到强人频繁的干扰和破坏，它们已不能为社会奠定基本的秩序。

与"有无人治"上的分歧异曲同工的是，陈心想不赞同费孝通"无为政治"的观点。他说：

> 实际上乡土社会并不真的那么政治"无为"，费孝通所说的更像一种理想的无为状态，正如诗人笔下美丽的田园生活，只在艺术家的想象和作品里吧。

我的理解，费说的不是自己的理想和艺术家的想象，而是他认定的周而复始的历史事实和皇权维护自身的明智选择。他认为，"乱"的部分原因是雄才大略的皇帝"开辟疆土、筑城修河"导致百姓不堪重负，"乱久必合"后的休养生息带来了"治"：

> 乡土社会里的权力结构，虽则名义上可以说是"专制""独裁"，但是除了自己不想持续的末代皇帝之外，在人民实际生活上看，是松弛和微弱的，是挂名的，是无为的。

陈心想的反驳是：

> 绅士本身的权力也可以看作皇权的一部分，至少在基层治理上是代理皇权的角色。这个观点也是费孝通认可的。……不需要皇帝雄才大略，那些搜刮和掠夺到贪得无厌地步的大臣、皇室或者任何一个皇权构成群体，都不会让皇权"无为"。因为"无为"状态下，他们得不到利益。……退一步说，即使如费孝通所说的，皇权在雄才大略的皇帝那里，一"有为"就遭到百姓造反而回归于"无为"，这样循环往复，也意味着乡土社会不全是"无为"政治，至少也是部分"有为"的。

费说"无为"当然不会是指皇帝一人，必是指包括其代理人的统治集团所为。但既然是"循环往复"就不是完全"无为"。但其敢说"无为"，意味着费以为历史上"无为期"长过"有为期"。

我猜想，二人的认识都是自身经验与阅读历史之融合。费提出"无为"在相当程度上源于他幼年的记忆、听到的长辈的议论和自己日后的调查。而陈心想反驳的冲动源于自己出生和成长在一个中国历史上最"有为"的政府的治理下。历史上皇权的"有为"对村民而言限于兵役、劳役和税收，而当代中国的"有为"除了这些还要干预村民的劳作方式，将生产单位从一家一户变为合作社、人民公社。对远去的古代历史可以有无穷的争论,但二人成长环境的不同,是一个坚硬的事实。这也是今人阅读跨越60年的这两部著作时,应该想到的。

四、避谈阶级,心曲莫测

陈心想说:这本书"奇",还在于当时农村土地革命闹了数年,阶级斗争理论和实践在中国大地上几近遍地开花,费先生在书里,竟然如此"岿然不动"。又说:书中似乎只一处说到"阶级"。但那句话是说,跟着冲突的解释,阶级会如何如何,并不意味着那是费孝通自己的思想。就是说,《乡土中国》绝口不谈阶级。但陈心想只谈到了奇之为奇的一个方面,即当时阶级斗争理论之盛行。中国思想界当时的情形是,不赞同阶级观点,坚持中国无阶级的学者亦不乏其人。笔者首先想到的是梁漱溟,当然其非孤家寡人。摘录梁漱溟《中国文化要义》的观点:

> 在农业社会如中国者,要讨论其有没有阶级,则土地分配问题自应为主要关键所在。此据我们所知,先说两点:第一,土地自由买卖,人人得而有之;第二,土地集中垄断之情形不著,一般估计,有土地的人颇占多数。(从)《定县社会概况调查》……可得结论如下:一、

百分之九十以上人家都有地；二、无地者（包含不以耕种为业者）占百分之十以内；三、有地一百亩以上者占百分之二,三百亩以上者占千分之一二；四、有地而不自种者占百分之一二。……而准此情形以言,对于那一部分人有地而不事耕作,一部分人耕作而不能自有土地的阶级社会,相离是太远了。……在当时定县中等土地每亩值钱普通不过四十元,而一个长工（雇农）食宿一切由主人供给外,每年工资普通都在四十元以上。节储几年,他自己买一亩地,有何不可能？……河北省谚语"一地千年百易主,十年高下一般同"（十年间的变化,可能富者不富,贫者不贫）,又说"穷伴富,伴得没了裤",都是由此而发。……可以说,秦汉以来之中国,单纯从经济上看去,其农工生产都不会演出对立之阶级来。所可虑者,仍在政治势力之影响于土地分配。

判断梁氏观点之正误,乃至中国古代有无阶级,非本文主旨。引证上述,仅在说明当时关于中国社会有无阶级的讨论是颇有百家争鸣之气象的。而在费孝通的著作中岂独《乡土中国》不谈阶级,《江村经济》亦是如此。请看《江村经济》中与"阶级"关联的段落：

> （开弦弓村）当领导人并不与享有特权的"阶级"有关。（第六章第四节）

村里财产分布的不均匀,并没有在日常生活水平方面表现出明显的不同。少数人有特殊的值钱的衣服,但住房和食物上并无根本的差别。(第七章第一节)

长工出卖自己的劳动力,不拥有生产工具,偶有锄头。长工来自那些土地太少,以致劳力有余的家庭。尤其是那些需要钱娶妻的人,他们愿意为别人做几年长工。我没有遇到过一辈子都没有土地的人。这个村庄中的雇工总共只有17人。这说明,在这个村子的经济生活中,雇工制度不起重要作用。(第十一章第三节)

以上引文第一段中"阶级"两字打上了引号,说明费使用该词之特殊意趣,而上下文的意思并未显示他对"阶级"概念的积极态度。后两段引文出自"第七章生活""第十一章土地的占有",并非放在"阶级"的专题讨论中。只是笔者觉得涉及阶级论者关注的东西。如果存在着阶级阶层的话,生活品质的差异毫无疑问与各阶级阶层关联。而开弦弓村的土地情况符合梁漱溟的观点。但这只是笔者的分析。我们从费孝通著作中看到的是不谈"阶级"。且慢,费孝通的著作中还有一处谈到了阶级。《皇权与绅权》中的第二篇《论"知识阶级"》。在该文中,他将知识分为用于生产的自然知识和关于社会规范的知识,后者与文字关联。知识阶级靠着垄断文字和规范知识来保持自己的社会地位。在这里阶级与某种垄断相关联。如果垄断是阶级的属性,农村中的土地可以买卖,且多数人有地，则可质疑中国农村存在阶级。当然，这是笔者的推断。准确地说，费孝通在讨论中国农村的两部专著中避谈阶级。

费孝通是一个时尚的人，一个跟着时代走的人，他不可能没有接触到阶级的理论及关于中国社会有无阶级的争论。对于一个在当时备受关注、影响巨大、争论纷纭的概念，费孝通不置一词，既不接受也不反对阶级分析的范式，绝对是令后人好奇的话题。

笔者做如下猜想。第一，功能学派的家法中不含阶级。第二，在其农村生活记忆，及日后的农村调查中，他看不到阶级理论所述的那个群体的存在。第三，从社会历史理论的层面讨论阶级，水太深了：牵涉到封建社会与皇权社会的差异（其《论绅士》的第一句话就是"封建解体，大一统的专制皇权确立"），中国古代社会所具有的较大流动性，等等。以费孝通之聪明，很可能是只讲说得清楚的事，不肯人云亦云，不愿蹚这既深且浑的水。

遗憾的是，在其晚年没有人问他为什么他的农村研究中回避阶级分析的范式。开放年代后有些思想意识反反复复，但阶级和阶级斗争的思想再未回潮。因此这不是一个令他为难的问题。可以预料，其昔日心曲之披露一定妙语连珠，不仅有助于我们全面地认识费孝通，而且有利于我们理解民国时代的中国思想界。

五、《江村经济》与《乡土中国》

少年时代身处文化沙漠的学人,初读费孝通民国时代的作品,每每震惊和钦佩。20世纪七八十年代之交,我读过了民国版的《生育制度》《乡土中国》《皇权与绅权》。以后随着读书、阅世,费头上的光环在我心中渐渐退去。1994年写作的《读费孝通的〈皇权与绅权〉》堪称我对他的告别礼。因为读费的热情早已消退,1986年《江村经济》中译本出版,之后很长时间我都不知道。以后发现了,竟然没有挤出时间阅读。直到陈心想来电,要我为其著作写序,我觉得写序前不仅要阅读心想大作,温习《乡土中国》,还应该补读《江村经济》。前两书读读放放,交叉进行,唯《江村经济》一气呵成。

我觉得《江村经济》绝不下于《乡土中国》。完成前书时费28岁,后书时38岁。跨越十年的这两书实为姊妹篇。一个微观,一个宏观;一个是对某一村庄生活的面面俱到的事实勾画,一个是对传统社会秩序的融会贯通的理论思考。

两相对照,可以帮助我们理解和定位《乡土中国》。笔者以为,《乡土中国》是一本理论著作。我相信同行的师生中会有不赞同者。不得学问真谛者常陷入两个误区,须棒喝纠正。其一,哲学史不是哲学,理论史不是理论。其二,理论未必是高度抽象和艰深的。什么是理论？从现象的层面提升到概念和道理，就是理论的形成。不论水准高下，中国哲学史家、理论史家多的是，哲学家、理论家少得很。准确地说，《乡土中国》是一本通俗的理论著作，他形成了概念，讲出了自家的道理。通俗的理论也是理论，艰深的理论史也不是理论。而《乡土中国》是通俗理论著作中的精品。

我定义《江村经济》是经验研究、田野研究。我一向不接受"实证"的说法，尽管费孝通也说"实证研究"。我以为"实证研究"属于自然科学，一方面社会学高攀不上，另一方面大多数社会现象也不是可以实证研究的东西。经验和理论是对应的。汉语"田野"的概念精妙。"野"对峙于"文""文献"；"田"以其象形，道出边界性、局限性、拒绝泛滥无边、大而无当。费曾说：他做学生时就不喜欢《定县调查》式研究的肤浅。他日后的研究在两端上反其道行之，《江村经济》在深入调查一端，《乡土中国》在理论思辨一端。而二者在他那里发生了关联，没有《江村经济》和"魁阁"六年（1939—1945）的乡村研究，就不会有《乡土中国》的宏观思考。

费孝通在开弦弓村做了一个月的调查，离开村庄整理调查20天后，返回村庄补充调查十天。就是如此短时间的调查托举起这个"里程碑"的研究（马林诺夫斯基语）。第一，当然在于他天分高。第二，他是本土人，他在该县的另一村庄生活到十岁，离乡后少不了听说乡间的事情。因此调查的效率一定高于地道的外乡人。第三，他对这项调查的巨大热忱，他在调查刚刚结束后撰写的《江村通讯》中说:"虽说我是个本乡本地的人,而回去一看,哪一样不是新奇巧妙得令人要狂叫三声。这一个月紧张工作,只令人愈来愈紧张。"如此状态,不出成果都难。有人类学家反对回本乡做人类学研究,说视野早被成见扭曲。此说有一部分道理,未离开本乡的人调查本乡确实有这个问题。但笔者觉得,离开本乡若干年,见识过另一天地,学习过理论反思,回过头来研究本乡,非但可以,且有其优势,费的成功即其证明。

《江村经济》当初的标题是:中国农民的生活。这标题起得"好"。好在一方面可以让我们看到作者的雄心。另一方面,因标题与论文内容的反差所势必引发的批评——一个村庄可以概括中国社会吗,我们有缘听到费孝通在方法论上的辩解。他说:

> 把一个农村看成是一切都与众不同、自成一格的独秀,也是不对的。……它果然不能代表中国所有的农村,但是确有许多中国的农村由于所处条件的相同,在社会结构上和所具文化方式上和江村基本上是相同的,所以江村固然不是中国全部农村的典型,但不失为许多中国农村所共同的"类型"或"模式"。
>
> 在人文世界中所说的"整体"并不是数学上一个一个加起而成的"总数"。同一整体中的个体有点像从一个模式里刻出来的一个个糕饼,就是这个别是整体的复制

品。(《重读〈江村经济·序言〉》)

他引用当年他的一位老师、最早赏识《江村经济》的弗思（Firth）教授的话说：

> 我想社会人类学者可以做出最有价值的贡献或许依然就是这种微型社会学。

我很同意费的辩护。其一，社会的某个局部，与大象的某个局部，迥然异趣。单纯从象牙、象尾，不可能认识大象。而文化在时间上先于每个在世的个体，从空间上传播到广阔的地域。文化的影响导致一个局部不可能不在一定程度上反映总体，虽然子文化和小传统也决定了局部不可能完全反映总体。关键在于如何把握共性与个性。其二，因为巨大体量的事物难以把握，深入的理解，几乎必然来自可以把握的局部，特别是在迄今为止"大数据"的伟力还未全面释放的社会历史中。

其实，费孝通的姊妹篇的成功就是以上辩护的证据。《乡土中国》论述的不是社会的局部，而是整体。而他此前的主要力量是花费在一个个乡村，即社会局部上面的。在概括中，他扔掉了他判断为局部的个性，整合出各局部的共性。从局部推断整体，当然不能说不会失误，但是舍此该如何认识整体呢？不是每个研究者，甚至不是多数研究者，可以完成从局部推断整体。但是能完成"微型社会学"研究的人较多。他们的成果,为理解中国社会之整体准备了基础。况且,为理解整体做准备,只是"微型社会学"的功能之一。如果认为微观研究的功能仅限于帮助理解庞大的中国,便是头脑僵化在大一统的政治制度中。一个村庄的研究,可以直接服务于该村庄,以及同类型的村庄的改善;还可以服务于若干小专题。其功能不一而足。

阅读《江村经济》的一个喜出望外的发现是,这篇论文的研究方法,暗合我指导学生写作毕业论文的路数。十余年来,我指导的16篇硕士论文中,有11篇写的是同学自己家乡的事情,包括陈心想的硕士论文。我没有马林诺夫斯基和弗思学术上的高瞻远瞩:要将人类学的田野研究从原始部落转移到现代社区,社会人类学者可以做出最有价值的贡献或许依然就是这种微型社会学。我要学生们这样做,只是因为我认为这对他们写作社会学毕业论文来说是最可行的。我的考虑如下。其一,不可以写从文献到文献的论文,不可以写社会学理论史的论文,这些不是社会学主流研究者们的方向。其二,不可以写纯理论的论文,因为写不好。以费孝通之天分,《生育制度》和《乡土中国》这两部理论著作尚且是在他37岁和38岁时完成。其三,论文的贡献在于它有所发现,发现可以是事实,也可以是道理;学生的毕业论文最好立在这两个支点上,不然风险太大;发现事实毕竟比发现道理容易一些;而道理一定要从你发现的事实中产生,不许空说。其四,到家乡搞调查门槛低,乡亲们乐意接受,且调查之前该地的情况你已经了解了一部分。其五,他们必须选择对初学者可行的方法,只可成功,不可失败。既是因为这是不可冒险的毕业论文,又是因为我不相信"失败是成功之母",只相信从小的成功走向更大的成功。从一个学生能够驾驭的经验调查,慢慢过渡到更抽象的理论思考。《江村经济》将我摸索出的路数,提升到一个高度,给我格外的欣喜和信心。

六、长寿的一生,短暂之灿烂

费孝通作为学者与社会活动家的一生可分为四个阶段:20岁(1930年)入燕京大学社会学系读书—39岁(1949年)迎来新政权,39岁—56岁(1966年),56岁—69岁(1979年),69岁中国恢复社会学—95岁(2005年)去世。如果更简单地划分,就是两段:20岁至39岁的20年;39岁至95岁的56年。可以简化为两段的道理下文分解。

第一段共19年,几乎他的全部闪光的思想、作品都完成于这期间。西蒙及其他几位学者有个共识,一个复杂学问或技艺,从入门到达到一流,需要十年时间。以费1938年完成的《江村经济》为坐标,他仅用了八年时间。以后,他在教学、著书、时评三个领域耕耘,名声卓著,是学者兼公知。

江山易手之际，已下决心不去海外和港台之时，他对一个美国学者说："将作新政权的忠实的反对派。"

1949年后，判若两人。他不再是学者和公知。前一判断是从严格意义上，从生产有价值的学术成果的标准做出的。笔者以为，从1949年至2005年费孝通的作品乏善可陈，无一部可以称作有价值的学术著作。其转变轨迹如下。1949年以前，作为公知，他批评政府的主要言论是"停止内战，推行民主，建立联合政府"。1949年以后，两重因素剥落了其公知角色。思想改造运动导致他晚年自白的"文化投降，我的知识体系不行了，历史不是我们的了"。他甚至成了思想改造的样板。另一方面，取代公知角色的是，他欣然接受了政府给予的职务。他做过民族访问团副团长、专家局副局长、中央民族学院副院长，等等。

费的转变，原因不一而足。朱学勤曾问他："抗议国民党，跟抗战以后教授们生活状况恶化有没有关系？"费明确回答："有关系，我们穷得要命。我为什么写文章，家里面米不够了。"我愿意认为，经济状况既是他写文章的直接动因，也是成为公知的深层原因之一。就收入与生活而言，1937年以前在中国当一个教授，要比1949年以后优越。但是费孝通没有享受过昔日教授的优厚待遇。他1938年归国，12月任云南大学教授。从上任起过的就是清苦的生活。艰难困苦的12年竟然孕育了《江村经济》后几乎他的全部学术成果。1949年以后，他是二级教授（根据上级的意思，社会学不设一级教授），是当时高校中地位最高的民族学院的副院长。住房在他被打成"右派"后也没有变动。他的收入和生活，肯定是1949年以后要好得多。经济待遇是"礼待"的组成部分，当然不是全部。

"礼待"影响到费对待新政权的态度。1945年昆明"一二·一"事件后他上了国民党特务的黑名单，一同演讲批评政府的李公朴、闻一多被暗杀，费家的房屋被特务打了一个可以钻进来的洞。朱学勤问其对蒋介石的个人印象，费脱口而出："他就是个流氓。"可见当年的记忆与认识刻骨铭心，令他无视对面坐的是他器重的中年历史学家。费亲身领教过两位领袖，费也说到"我想（暗杀李公朴和闻一多）是底下人做的，没必要嘛"。当牵涉到个人惊心动魄的遭遇时，我们就看不到智者的公允的历史观了。回到非物质的待遇上。新政权绝对礼待费。蒋接见费一次。毛接见过他无数次。究竟多少次，我以为是费孝通的研究者们应该搞清楚的一件大事。费对朱学勤说："这是1957年之前的事，我和冯友兰在一起到他家去吃湖南饭。吃过两次饭，无话不谈。"有张照片，是毛接见童第周、胡愈之、华罗庚和费孝通。多人一同接见应该不在以上所说之列，且应次数更多。朱学勤与费孝通对话时，费的女儿费宗惠插话："我听妈妈说，是毛泽东请你去吃饭，他跟你说完以后，你写的《知识分子的早春天气》，你忘掉了，你好好想想。"而这话之前费说那篇文章是李维汉打招呼写的。《知识分子的早春天气》只是恳请政府给知识分子宽松一点儿的环境。难怪周恩来在读后第一时间称赞此文。费回忆被打成"右派"后毛在游泳池和他谈话说:"不要紧,'右派'有什么关系,我自己戴过多少帽子啊。"费还说:"我成'右派'后,李维汉请我吃西餐,在欧美同学会。"打成"右派"还能说是礼待吗?我以为是,是特异的礼待。绝大多数"右派"分子绝无这份待遇,费可以体会到。

背离严格意义上的学者身份的一个原因,是1952年院系调整中社会学被取缔。他的专业不能做了,他只能当一名失去了自己专业的教授,讲授所谓民族学。还有就是做学术行政工作。笔者一直惊异和不解民族学院当年何以拥有那批资历和水准极高的教授群,原来是费请来的,他当然懂得各色教授的斤两。他说:"我在民族学院要做的很重要的一件事情是要找一批教授,他们不知道要找谁呀,那么我开单子要,通过中央的力量,把历史、语言两门打稳了,到现在还靠这两门。"有些校长曾经是学者,但处在现在进行时的校长当下肯定不是学者。这样,社会学家的费孝通因社会学被取缔等原因,不存在了。这样的事情能够发生,也要靠费的内因去配合,即他接受现状,没了专业设置他就不做了。不错,费在反右运动前曾与多位社会学家一同为恢复社会学呼吁,且他们被打成"右派"与此不无关联。但笔者要说的是,如果是一个为艺术而艺术的人,为研究而研究的人,国家取缔了这个学科,他会凭自己的志趣,私下里,业余时,遵循自己半生习得的方法,继续思考和钻研。顾准是那个时候翻译了熊彼特的《资本主义、社会主义与民主》，张广达是那个时候学习了中亚的若干死语言。潘光旦1953年写作了影响深远的《开封的中国犹太人》，1959—1964年从二十五史中整理出有关少数民族的史料100万字（2005年、2007年出版），1965年至"文革"前完成了达尔文巨著77万字的《人类的由来》的翻译。笔者怀疑费1949年以后有无一部这种分量的著作或译作。原因在于，在其经世济民的学术目标中，几乎容不下一丝别的趣味与动机。他早年批评林耀华的为研究而研究和毓苏的趣味论，耄耋之年还要和马林诺夫斯基的另一个学生、他的老同学利奇争论说：他的旨趣不在于认识文化的普遍规律，只在于寻找中国的富裕之路。在学术受打压，令其难酬经世济民之志时，他就真的不做学术了。与吴文藻、谢冰心合译海斯的《世界史》这样小儿科的东西，或威尔斯的《世界史纲》这样的大众读物，与其说是做学术，毋宁说是高雅地打发时光。所以他晚年曾说：哀莫大于心死，他早就放弃社会学了。

　　费对朱学勤说："我没有想到（会成'右派'），我那时红得发紫。"改革开放后，费的境遇可谓"今年花胜去年红"。社会学的泰斗就不必说了。1983—1988年出任全国政协副主席，1988—1998年先后任两届的全国人大常委会副委员长。作为20世纪70年代末叶费孝通著作的虔诚读者，笔者很长时期持有一种看法：费晚年做了极不明智的选择。他被"局"住了，被金丝玉带捆绑了。改革开放初，他67岁。重启荒废

30年的学术研究固然勉为其难。但如果保持一个布衣儒人的身份，重操专栏作家的旧业，以其智慧、学识和国际声望，将成为无出其右的费边社类型的温和批评者。

直到我深入阅读他的轨迹，才明白，改革开放后他的选择顺理成章。他不可能再做40年代的那个学者和公知了。如果自1949—1976年一直冬眠、蛰伏，早春来临，可以去重温昔日的春夏之梦。中国很多作家都是如此"归隐—复出"类型的人。学者张中行大约也是如此。但费孝通不是这样，"礼待—合作"是共和国政府与他自1949年至2005年历时56年的基本关系。"文革"只是一个偶然的插曲，那是非常时期。因此十年前的关系，可以穿越"文革"，在十年后迅速对接。

他是一个传奇人物。满打满算20年的学术生涯，去掉拿到博士学位前的八年就只有12年，其中产生的思想、文字，50多年后还被阅读和称道。

他是个悲剧人物。享九五之寿，文曲星之命自戊寅（1938年）到己丑（1949年）仅一个地支数。我很愿意一再地将他与潘光旦比较。他们同属悲剧。潘光旦长费孝通11年，多出11年的学术生命，故学术生涯较长的那个天才注定高于学术生涯较短的那个天才。学生时代就折服了梁启超的潘光旦，如其生命的最后18年能有一张平静的书桌，则中国社会学可望有自己的世界级大师。如果费孝通的学术生命不中辍，追赶潘光旦是可以期待的。当然以其性格，胜出的不太可能是学问，而思想其实尤为宝贵。因主客观的原因，1977年以后留给费孝通的不是学者与公知的生涯。

他晚年对中国社会学是悲观的。我在《读费孝通的〈皇权与绅权〉》(1994年)一文中说:

> 我的好友薛涌一次与我夜宿外地旅馆,晚间长谈,说及他在80年代中叶对费孝通的采访。他对我说,他的最后一个问题是:"您认为中国再过多少年能出现一个您这样水准的社会学家?"他说:"费孝通思考了一会儿,给了我答复,你能猜出来吗?"我真的无论如何也不敢想费孝通说出来的是"50年"!在70、80年代之交我读研究生时读过费孝通50年代之前的所有主要著作。就著作的印象,我以为他知人且自知,是这个时代的智者,他有过吴文藻、潘光旦这样的师友,他平和不偏激。因而我以为"50年"绝非他个人的自负,而是透露出他对时下的教育环境与文化氛围的深彻的悲哀。一座楼房可以在一年间盖成,一棵树木可以在十年中长成。而一个民族文化传统的失落,崇尚学术与真理的风气的消散,需要多少年的时间来挽回呢?我想,不会有人能确定地回答出来的。

笔者经阅读费孝通步入社会学,观其一生轨迹以借鉴,念其"50年内无大学者兴"而自省。以世俗眼光看,本文或有大不敬处。但我们是学人,这里是学界。研讨一个学者的著作是对他的最高礼节，而批评是研讨的当然的组成部分。是先生的十年忌日，令后生拿出毕生所学，慷慨论辩，坦诚评说。谀辞和虚饰才是大不敬。

  这篇序文没有更多说到陈心想这本书。但若没有本书，就不会有这篇纪念文字。笔者幼费先生40岁，长陈心想25岁。这篇序言为一场隔代的对话，插进了中间人。

郑也夫

2015年8月

前　言

对照历史，观照现实：我为什么写这本札记

2014年3月下旬，我时隔八年后第一次回国探亲。我是2001年8月底来美国留学的，2003年和2004年分别回去探亲一次，2006年暑假回国搜集论文资料，之后在美国一晃就是八年。这次回国，我沿着京广线从北（北京）到南（深圳）、陇海线从东（商丘）到西（洛阳）走了不少地方，对城市和乡村的直接观察让我很是震惊。这些年中国变化太大了，城市化速度真快，整个社会发生的巨变，可以说是五千年历史前所未有。我的家乡，河南东部的永城市，是一个县级市，现在在老城之外开发出了一个新城，这些基本上都发生在过去十来年间。我到老城和新城转了转，直接感受到了这种巨变。环境变了，人更变了，经济生活变了，情感模式也变了。

新城规划大气，街道宽阔，建筑时尚，居住环境好，比如利用水利资源开发了人工"日月湖"（我总是说成台湾的"日月潭"）。湖边文化广场的文化氛围更是给人惬意的感觉，

那天我还在那里听了会儿票友唱的河南豫剧，他们模仿名家真可以假乱真。与老城的脏乱逼仄相比，新城不光环境好，人的精神面貌也截然不同。我弟弟告诉我，他住在新城近一年了，也没有见过吵架的。而我在老城乘坐了一趟公交车，竟然遇到两三起。环境与人，实为一体！

老城和新城组合成的双城，正应了狄更斯《双城记》里的经典名言："这是一个最好的时代，也是一个最坏的时代。"

这么一个新城的扩建，适应了城市化的大趋势。就是在这个大趋势之下，一方面大片良田建起了高楼大厦，发展成了城市；另一方面，许多农村人变成了城市人。这样一个过程极大地改变着乡村的面貌，乡村的社会结构、经济组织、情感方式和社会关系等一切都在不断调整，以适应这个大变化。

费孝通先生的作品，只要能读到的我都认真读了，有的反复阅读多遍。我读过几遍《乡土中国》，自己也记不清楚了。中英文版的我都读过，虽然也做些笔记帮助学习，2008年还写过一篇《〈乡土中国〉60年杂话》以纪念费先生仙逝三周年，但是，我从来没有想过要为《乡土中国》写本札记。

2014年4月30日回到美国，我一直放不下我观察到的这个大变化，同时又想到，费孝通《乡土中国》里的描写与我早年熟悉的乡村如此一致，但让我感到如此亲切的描写和分析，如今都要成了明日黄花。我开始重读《乡土中国》，来理解当下这个社会的变化。

我居住了16年的村子，与中国许许多多的村庄一样，在这个大变革中面貌全然不同了，不仅与费孝通考察和写作《乡土中国》的时候不同，还与我小时候，甚至十多年前出国时候都大为不同。我曾差一点儿找不到它。后来凭着当年的印象找到地方，简直认不出来了。在费孝通作品里，"泥土"那么可贵，如今有些地方竟然大面积耕地撂了荒，农民的收入主要是靠打工和做生意，哪还是那些从泥土里讨生计的乡村人？村里只有留守老人和儿童的现象几乎和古代战乱时候年富力强的都被征边打仗了一样，围着村子转一圈，见不到几个人，村庄空了，社会结构能不变化？

　　当我一页一页读着《乡土中国》的时候，忽然想到：为什么我不对照这个范本来看看，乡村人是如何走出乡土的呢？这个走出乡土的过程中发生了哪些变化？我企图做个总结。于是就想到以杂话随笔的方式，并以札记的由头，记录下我读书的感想、观察到的变化以及对美国的某些了解，尝试通过几方对照，给当下的乡土中国或者城市化中的中国一个解释。

　　于是，开始了与《乡土中国》的对话之旅。

一本特殊环境里诞生的奇书

　　《乡土中国》大气、智慧、有灵性。作为大家小书，这也不足为奇。

说这本书"奇",奇在哪里?首先,这本书是"杂话",却成了学术经典,而且60多年过去了,依然是常读常新。这在当下学术界,谁要是写了一本《乡土中国》这样的杂话,我估计评职称大概都不会算作学术成果的。当然,在当下"学术规范"第一、形式压倒内容的环境里,这样的书籍和作者几近绝迹。

其次,说它奇,在于它成书的背景。那是在云南大学的时候,西南联大还未在抗战后迁回北平,国共之间的内战爆发前后。为了生活,费孝通发挥其写作快手的长处,到昆明茶馆,与杂志编辑当场谈出题目,编辑等着,一两个小时,就把文章写好,左手交钱,右手交文章。《乡土中国》是"乡村社会学"的讲稿,发表在《世纪评论》杂志上,随讲随写,随写随寄,随寄随发表。后来,应储安平之邀,把发表的这些讲稿,重新编写和修订,加入了观察社的丛书,才有了1948年这本著作的问世。

看了《民主教授费孝通》电影,里面有费先生给学生讲课的镜头,采用的正是《乡土中国》书中《乡土本色》与《血缘和地缘》里的内容。

镜头里费先生在课堂上讲:"最近我遇着一位到内蒙古旅行回来的美国朋友,他很奇怪地问我:你们中原去的人……"[1]中原去的人,在最适宜放牧的草原上,不是放牧,而是不管天气如何,还是要试着种地。

在争取和平与民主的内战爆发前后,费先生能讲出这样平静理性的课,写出这样的文章,令人读不出一点躁动之气,修养可见一斑。

再次,这本书"奇",还在于当时农村土地革命闹了数年,阶级斗争理论和实践在中国大地上几近遍地开花,费先生在书里,竟然如此"岿然不动",似乎只在《无为政治》一章里说了这么一句有关"阶级"的话:

> 跟下去还可以说,政府,甚至国家组织,只存在于阶级斗争的过程中。如果有一天"阶级争斗"的问题解决了,社会上不分阶级了,政府,甚至国家组织,都会像秋风里的梧桐叶一般自己凋谢落地。

最后,更令人觉得"奇"的,是新中国成立后,这本书在海峡两岸的命运。在大陆,随着费先生被戴上了"右派"的帽子,书也被禁了;在台湾,因为当年费先生是要求民主的"民主教授",得罪了国民党,上了暗杀名单,又在关键时候没有随着去台湾,于是他的著作在台湾也被禁了。台湾还

---

[1] 费孝通:《乡土中国》,北京:生活·读书·新知三联书店1985年版,第1页。本书以下引《乡土中国》文均见此书,不再一一注释。

曾经用假名偷着出这本书，供应需求。然而，在美国出版的英文版，从未受到禁止。先知在他乡总是可以受到更好的礼遇，又多了一个例子。

书的命运随着人的命运而走。后来，费孝通平反复出，《乡土中国》得到一次次重印，才有我等后学拜读学习的机缘。

善解人意的费孝通：这本书里的话说到人心坎里了

我多数时候都是后知后觉者，对读书有点儿入门也是到了研究生阶段。有几本中文书是让我一下子喜欢得不得了的，比如黄仁宇的《万历十五年》、冯友兰的《中国哲学简史》，当然还有这里要说的费孝通的《乡土中国》等，尤其是《乡土中国》留给我非常深刻、难以磨灭的记忆。此书激发起我对十几年乡村生活点点滴滴的回忆，如同知心朋友拉家常，句句都说到我的心坎里了。这让我一下子明白了很多原来想不通的事情，也注意到了原来不曾留意的乡村现象，因为以前是见怪不怪。

所以，读这本书，这里面有私密的个人情感。"靠种地谋生的人才明白泥土的可贵。""乡下人离不了泥土，因为在乡下住，种地是最普通的谋生办法。"这是我发表第一篇学术论文《一个游戏规则的破坏与重建：A村村民调田风波案例分析》(《社会学研究》2000年第2期)引用《乡土本色》里的两句话,费先生说得太地道了,我说不到这么好。

一个"土"字,把乡土社会的众生形象给概括了,"土"是与"洋"相对照的。"土"是不流动的,因而落下了"尘土"一身;"洋"是水,流动的,是能把尘土洗刷掉的。因为不流动,"生于斯,长于斯,死于斯",土生土长,没见过世面,怎能不是一身的"土气"呢!

我就是带着一身的"土气"进城念书的。为参加中招考试,我才第一次进县城,那年我16岁。16岁之前,一直在乡村生活着。直到读研究生时,在北京经常不知道怎么走路,怎么去找车站坐车,与同学一起出门,总是跟着别人走。他们一再说我城市化不够,实际还是"太土"。

《乡土中国》第一章是《乡土本色》,为全书定下了"土"的颜色基调。之后,针对当时乡村工作者的错误认识,即这些"土人"的所谓"愚"和"私",费孝通阐述自己的看法。

比如,有人把乡村人看到汽车不知道如何躲当作"愚"。费孝通说,他们只是没有见过而已,如同城里人会把"麦苗"当"韭菜"一样。教授们的孩子读书比乡村孩子好,与乡村孩子捉蚱蜢比城里教授孩子好也一样,是环境条件的问题,不是"愚"的问题。

乡下人因为城里人的偏见被误解,真是冤枉。现在依然有不少人这样说,"农村来的,土得掉渣",鄙视的表情复杂难堪。其实,费孝通时代的中国,即使是城里人,比起西洋的现代社会,何尝不是所谓的"土得掉渣"呢?费孝通这个城里人，调查了乡村之后，能如此理解乡村人，着实难得。

他和他的话都入了我的心。

一个好的学者，一个思想家，一定是善解人意的。不然，他就会固执己见，难于深刻。

后悔在北京读书时没有去拜见过费先生，"得观贤人之光耀，闻一言以自壮"。但在我出国前考托福、GRE时，竟然曾梦见过费孝通，梦境清晰，在一个学术会议上，他坐我前面，转回头来给我说了一句话："不出国也可以把学问做好。"我醒来后，依然记忆清楚，还想是否要出国读书呢。

出国后，还是不断阅读费先生的作品。他后来出版了14卷本的《费孝通文集》，明尼苏达大学东亚图书馆有一全套，我一本一本地读。该文集把费孝通中学生时代的作品都收录进去了，比如，《秀才先生的恶作剧》，是他14岁时候的处女作，发表在《少年》杂志上。他的《杜鹃与杜甫》一文，郑也夫老师曾说过，北京大学中文系现在的学生，也极少有人能写出这样的文章。而费孝通写的时候是中学生。

在《费孝通文集》里有篇《〈史记〉的书生私见》，谈他对司马迁的《史记》的评价，说为什么《史记》有趣，因为里边有"我"，太史公自己在里边。我觉得可以从两个方面来理解，一是文字上，里边有"我"；二是从灵魂上，把"我"融入进去了。我们知道同样是见到了秦始皇的威势，刘邦和项羽的反应不同，刘邦说"大丈夫当如是也"，项羽说"彼可取而代之"。谁在当时记录下了这两句话？我很怀疑是太史公自己给两个不同个性的人安排的两句话，人物性格立马活了起来。实际上，这是太史公自己的思想和灵魂融入了文字，这是《史记》活起来的生命之源。记得在明尼苏达读书时，有位四川来的读统计专业的博士朋友，大家说他菜做得很好吃，问他秘诀，他给了一句话："把灵魂融入到菜里。"琢磨琢磨，也真是这个理。

费孝通中学时候就体察到太史公的这个秘密，我想，这也正是费先生文字那么好的原因吧，他与太史公在写作上心意相通。

《乡土中国》开篇就对泥土对于乡下人的可贵和乡下人的"土气"进行描述和分析，从这些分析里可以看出，费孝通是多么地善解人意（有一天我忽然发现，与鲁迅对乡村的愚昧落后的揭露相比，费先生竟然从来没有这样做过）！当下多少城里人，理解不了乡村人，如同费孝通时代的许多人，甚至乡村工作者们，都把乡村人偏见地说成"土气""愚昧"和"自私"。

《乡土中国》这本书里处处透露出费孝通的善解人意，大概也正是这种善解人意，让他的学术成就非常人可比。在"行行重行行"中，每到一个地方，一群人参观同一个事物，回来后他可以洋洋洒洒，一篇富有真知灼见的文章就出来了，而别人却不能，看了文章后感叹："我怎么就没有发现呢？"我想，这种敏感不仅仅是理论素养好，更在于其善解人意的心思。

《乡土中国》的结构

因为是从"乡村社会学"课程讲稿中整理出来的一部分,所以,虽然是先发表在杂志上的"杂话",《乡土中国》的整个结构应该是有系统的。按照后记里说:

> 在乡村社会学中讲经济问题未免太偏,而且同时学校有土地经济学和比较经济制度等课程,未免重复太多。过去一年我决定另起炉灶,甚至暂时撇开经济问题,专从社会结构本身来发挥。初次试验离开成熟之境还远,但这也算是我个人的一种企图。

由此看出,《乡土中国》就是围绕社会结构来写的。

《江村经济》是以研究经济为主题的,但不同于经济学家的研究,还是先从社会结构,比如家庭、亲属群体等开始。要说经济问题研究,费孝通是有自己的独立贡献的。但是为了适应学校的课程需要,《乡土中国》就暂时撇开了经济问题,作为乡村社会学研究的一次尝试。这个尝试,是一次大胆而成功的探险。所以,整个课程和整理出来的讲稿就别具一格。

我把《乡土中国》前五章作为第一部分,主要是对当时乡村工作者对乡村人的偏见的分析。第一章，乡土本色是"土"；第二、三两章从文字下乡的时间和空间维度，分析乡村对文字的需求，乡村人不是没有文字而"愚"的问题，根本就不是"愚昧"的事；第四章和第五章主要通过差序格局的社会结构来分析所谓乡村人的"私"的问题，因为这个水波纹式的圈子，对内则公，对外而言则为私，是公还是私，得看从哪个角度看了。后面我们会看到这些详细分析。

第二部分是功能论下的生计团体家族（第六章）以及由此引发的压抑爱情、稳定婚姻的男女有别的观念（第七章）。

第三部分则是社会秩序的维护问题：礼治秩序（第八章）和无讼（第九章，与现代的法治秩序的对照）。

第四部分则集中讨论权力问题。第十章和第十一章，费孝通根据静态和变迁条件划分出几大类型的权力概念：静态权力、横暴权力、同意权力和长老统治的教化权力；第十二、十三和十四章，则讨论社会变迁的权力问题：时势权力，知识权力（知识就是力量）也是时势权力的一部分。而第十二章，专门讨论了从血缘到地缘的社会变迁问题，对时下城市化背景下的社会变迁很有启发意义。

我把全书十四章内容大体上分成这样四个部分，别人可以不同意，但是这个划分能够帮助我们从宏观上理解和把握全书的内容，也好在这些范畴范围内考察当下社会。

方法总是不完美的，找个标杆可比较

拿一本描写过去的"历史"的书和现在比较，我知道这种方法有它的局限性，至少有点儿铁笼子里跳舞的味道。有人批评过为什么费孝通之后，无人可以避开《乡土中国》或者不在它的基础上写出一本《××中国》这样的书，超越《乡土中国》的水平，而我们的确都无法做到。我没有这个诉求，但是，我想看看变化，比较总是要有个标杆的。费孝通的《乡土中国》本身就是与西方社会对比来写的，而且与和一本书的对照很有关系，就是米德（Mead）女士的《美国人的性格》（The American Character）。费孝通还根据此书英文本，写了一系列的介绍美国的文章给中国读者。

他在《乡土中国》的《后记》里曾这样说："这两本书可以合着看，因为我在这书里是以中国的事实来说明乡土社会的特性，和米德女士根据美国的事实说明移民社会的特性在方法上是相通的。"

认识一个事物，有个比较才好认识。"我是谁？"这个古老的问题，就是从他者来界定"我是谁"的。我们不妨拿《乡土中国》作为我们认识现代社会的一个对照或者参照对象，虽然《乡土中国》本身在某些方面也是参照韦伯所说的"理想类型"概念来写的。比如，"差序格局"就是一个典型的例子，与西方的团体格局概念一样，都是为了分析的方便而设立的概念，事实上，在一个社会里，二者都存在，只是两者各自的成分多少不同罢了。

　　方法总是不完美的，也只是我们认识事物的工具。有个标杆，总比凭空来说更方便些。费孝通拿不同乡土社区做比较研究，同时参照西方社会，我们不妨拿他老人家的书也做个历史的比较。尽管他的书里所写的有些是"理想类型"的"事实"，总还是有个参考。这是一本札记，重要的不是解读《乡土中国》，而是在于理解现实变迁中的中国社会，尤其是乡村的变迁。

一 乡土本色：走出乡土

"乡土"在基层

> 从基层上看去，中国社会是乡土性的。我说中国社会的基层是乡土性的，那是因为我考虑到从这基层上曾长出一层比较上和乡土基层不完全相同的社会，而且在近百年来更在东西方接触边缘上发生了一种很特殊的社会。……我们不妨先集中注意那些被称为土头土脑的乡下人。他们才是中国社会的基层。

这是费孝通《乡土中国》第一章《乡土本色》开头的一段，主要通过对上下两层社会的比较来看基层社会，看基层的乡下人的特征。

费孝通说，"我们说乡下人土气，虽则似乎带着几分藐视的意味，但这个'土'字却用得很好"，原因是"'土'字的基本意义是指泥土。乡下人离不了泥土，因为在乡下住，种地是最普通的谋生办法"。

与从事游牧业或者工业者不同,从事农业生产者被束缚在了土地上。"游牧的人可以逐水草而居,飘忽不定;做工业的人则可以择地而居,迁移无碍",比如我们脱离了土地的"农民工",就可以到处游走,哪里可以工作就到哪里;而种庄稼的农民因为"长在土里的庄稼行动不得……也因之像是半身插入了土里"。

费孝通观察到:"在数量上占着最高地位的神,无疑是'土地'。'土地'这位最近于人性的神,老夫老妻白首偕老的一对,管着乡间一切的闲事。他们象征着可贵的泥土。"费孝通初次出国,他的奶妈就偷偷地给他用红纸包了一包灶上的泥土,让他如果水土不服或想家时,就用这土煮点儿汤吃。费孝通说他在《一曲难忘》的电影里看到东欧农业国家波兰也有类似的风俗。

费孝通有本英文著作名字就叫 *Earthbound China*(《束缚在土地上的中国》)。他认识到"从土里长出过光荣的历史,自然也会受到土的束缚,现在很有些飞不上天的样子"。他引用一位研究语言的朋友的话描述了这种乡村生活:

> 村子里几百年来老是这几个姓,我从墓碑上去重构每家的家谱,清清楚楚的,一直到现在还是那些人。乡村里的人口似乎是附着在土地上的,一代一代地下去,不太有变动。

这大体上是乡土社会的一个特性，安土重迁，以农为主，世代定居是常态，迁移是非常态，是特殊时期被逼无奈的事情。乡土社会中的人即使是去了京城当了大官，位居三公，老了还要告老还乡。

聚居的村落，熟悉的社会

按道理说，乡土社会里男耕女织，自力更生，这样最小的社区可以只有一户人家。美国的乡下大多是这样的，一户自成一个单元，很少有屋檐相接的邻舍。然而，在中国乡土社会里，这个情况实际上却很少，大多的农民是聚村而居的。乡村人在一个村子里世世代代定居，孩子都是在邻居眼皮子底下长大的，张家的大仔，李家的二妮，再熟悉不过了；大人也都是在孩子的眼中变老的。这是个"熟悉"的社会，没有陌生人的社会。

乡村里因为熟悉可以互相串门、闲聊，这种串门、闲聊又增进了熟悉。城里人即使门挨门，大概也很少知道对方是干啥的，几乎就是陌生人，虽然也偶尔打声招呼。

"熟悉是从时间里、多方面、经常的接触中所发生的亲密的感觉。"（费先生这个观点是偏颇了，熟悉并不一定意味着"亲密"，还很可能"疏远"呢，熟悉更主要是因为了解。可能他者的身份妨碍了他对熟悉的理解。）"我们大家是熟人,打个招呼就是了,还用得着多说吗?"费孝通引用的这句话很形象,很有代表性。也正是这样的话,在所谓的"现代"社会里,是一种障碍。乡土社会里因为熟悉而有了信任,但是现代社会是讲究"契约"的,凡事要有个字据的。当然,乡村里也不是没有契约,不过口头的更多。在乡下,其实重要的事情还是要字据的,比如大的债务,房屋、地皮的交换或者买卖,不然闹了矛盾说不清。小事情可以无"契约",大事情是马虎不得的。当然,日常生活是没有那么多大事情的。因而,费先生观察的乡村生活,似乎因为都是熟人了,不用说那么多的。

熟悉属于"个别",因而缺乏"普遍原则"

"从熟悉里得来的认识是个别的,并不是抽象的普遍原则。"我觉得费孝通的这个发现很有趣,我在乡村生活多年都没有注意到这一点。老农看到蚂蚁搬家了,知道要下雨了,就去田里开沟防水,但是他们并不知道蚂蚁与天气变化之间关系的抽象的普遍原则。费孝通列举了孔夫子说"孝"的例子,更是令人感觉新鲜。他说:

> 我读《论语》时,看到孔子在不同人面前说着不同的话来解释"孝"的意义时,我感觉到这乡土社会的特

性了。孝是什么？孔子并没有抽象地加以说明，而列举具体的行为，因人而异地答复了他的学生。最后甚至归结到心安两字。

这个似乎是东方文明的一种特点。直到今天，中国人在抽象概念和理论上，似乎依然是不及西方人。这是哲人思考的大题目，这里不表。但是，费孝通发现，在这种熟悉的乡土社会里，"在熟悉的环境里生长的人，不需要这种原则，他只要在接触所及的范围之中知道从手段到目的间的个别关联。在乡土社会中生长的人似乎不太追求这笼罩万有的真理"。

从"土"里拔出来：城市化和工业化带来的移民社会

理解中国近现代社会发展史，必须放在现代化大背景下，在这个大背景下，中国近现代社会发展史就是工业化和城市化的进程。因为城市化和工业化，在改革开放这30多年里，中国发生了历史上前所未有的大变迁，大移民、大流动的社会产生了！

在这个过程中，大批来自乡村的中国人，从"土"里拔出来，抖抖身上的泥土，向城市进军，渐渐脱离了"土气"的面貌。有些村子变成了工业发展基地，有很多人来打工，从而发展成了镇或者城；有些城郊村庄的村民在城市开发中变成了市民，不再是农民；大部分村庄虽然还是农村，但是土地与农民的关系已经从根本上改变了。大多数农民主要的经济收入不再靠土地，而是靠进城打工。农村人里有些力气的，或者有些知识技能的，基本上都外出打工了，除了年龄偏大些的，也就是目前六七十岁以上的人以外，大多数农民都有外出打工的经历，年青一代更是几乎和城里人没什么差别了。

比如，发型是青年人赶时髦的标志之一。十多年前，我生长的那个豫东村庄就有男青年留长发，或者染绿发、红发，或者模仿韩国人的发型。这自然是他们进城后从城里人那里学来的，或者是从电视、电影、网络上看到的。村子里后来有越来越多染发的小青年，虽然年长的人看不习惯，觉得这孩子不成器，不走正道，但是代沟并不能让这潮流逆转，连贝克汉姆的发型在乡村也可以看到了。

哪里还有年轻人在农村种地呢？土地已经不再能束缚人了，不少农户干脆撂了荒，或者把土地承包给别人。承包土地的人也不再是传统意义上的农民了，他们办了工厂，成立了"公司"，当上了"经理"，不再被牢牢地束缚在土地上。

这种从"土"里拔出来的人们，游走自由多了，所以农村社区的"熟悉"也在转向"陌生"。比如像我这样多年都不回到村子里的人，越来越多。早些年人们还注重春节，过年一定要回去的，乡亲邻居拜个年，一年还可以见上一面。可是，现在春节的吸引力大大降低，越来越多的人把老婆孩子等家人带到了城里，过年也不回村了，甚至数年都不回去了。即使是兄弟姊妹、堂兄弟姊妹之间，也会多年不见面，更何况与其他村民呢。

我在老家乘坐从镇上到市里的公共汽车，司机在跟他的熟人聊天。当时正好是清明节，他说现在人都不亲了，亲情淡漠了，比如，他的同族近亲，以前清明节给先人上坟烧纸，会买些礼品给大人、小孩，到家里坐坐，吃顿饭；现在是到坟上烧了纸就走，人都见不到。他抱怨说，一颗烟都不愿意掏了，不来往了，还有啥亲情。他的兄弟姊妹，在父母去世之前，一年大家还能聚一次看看老人家，现在父母都不在了，他们外出的常年不回来了。他们各自的孩子——这些堂兄弟姊妹，生下来就没有见过面，都不认识，哪里还有亲气儿。哪像早先的"乡土社会"里，同族或者同村的孩子们从小光屁股就在一起玩耍打闹。

因为流动，整个社会的血缘关系在让位于地缘关系，"熟悉"让位给了"陌生"，"古道热肠"也在让位给"冷漠"。我曾写过一篇文章《拒绝独自吃饭》[1]，就是说现在这个流动性大，又是手机电脑"刷屏"的社会，匆忙里，大家一起吃个饭都不容易，甚至一家人一起吃个饭也成了奢侈的事情。有个读者在网上的评论说得好："我们的社会在碎片化，家庭也在碎片化。"乡土社会在高科技和城市化大潮里，"土气"被

---

[1] 上海《新闻晨报》评论版，2014年10月22日。

洗刷得没剩多少了,越来越呈现出"陌生"。

社会在由一种"没有具体目的,只是因为在一起生长而发生的社会",向另一种"为了要完成一件任务而结合的社会"转变。根据德国社会学家滕尼斯所划分的,也就是由公社(Gemeinschait)向社会(Gesellschait)转变;或者根据法国社会学家涂尔干所划分的,是从"机械团结"向"有机团结"的转变。费孝通把这两种社会类型的转变总结为——我们容易理解的——从礼俗社会向法理社会的转变。在乡土社会里,我们身边的这些人与关系,如"我们的父母兄弟一般,并不是由于我们选择得来的关系,而是无须选择,甚至先我们而在的一个生活环境"。流动的农民工就可以选择自己工作的城市、老板,一个工程结束,可能就换了地方,这就不再是乡土社会的生活特征了。

虽然旧时代乡村里也可能有人出走谋生,比如刘震云小说《一句顶一万句》里的杨百顺,不断游走,换了几次名字,最后改成了罗长礼,到外省落了脚,再没有回到杨家村,但这样的情况毕竟是极少的。只有遇到大规模的饥荒和战乱,才会有大批人离乡谋生,一旦饥荒和战乱过去了,他们还是会回老家来定居的。根据费孝通的观察,即使抗日战争时期,乡村人的流动也是极为有限的。

现在乡村里的那些老年人,是受现代发展潮流冲击最小的,他们因为年龄大而很少流动了。有些子女进了城,有了一定能力的,也把乡下的父母接进了城里。那些和泥土生活一辈子的老年人，面对撂荒的土地，难以理解"这是为什么"。前不久上海《新闻晨报》还提到一个农村老人担忧他们离世之后，谁还来种地？

在急速变迁的社会里，熟悉不再，由陌生人组成的群体里，原来的一套生活方式就失效了，应付不了现代生活，所以"土气成了骂人的词汇，'乡'也不再是衣锦荣归的去处了"。现在在城里工作退休的人，哪里还会回到乡间颐养天年呢？

从"土"里拔出来的乡村人，各自谋着自己的营生，走向四面八方，走向了陌生的社会，散落在天涯海角。不管是"北漂"还是"南漂"，漂了起来，谁还愿意再把半个身子埋在泥土里，享受那种"土气"的"美称"呢！落地生根也要落在城市里钢筋水泥筑成的高楼大厦里。这些游子，再也没有了早年心中的"故乡"。"乡土"社会已成了远去中的历史，还有着一个影影绰绰的尾巴，这个尾巴，一时半会儿还会存在的。

美国是个典型的移民社会，因而发展出了典型的契约精神，宪法两百多年非常稳定。契约习惯和法理社会一起，为陌生人群体所接受，他们运用的是普遍原则，不是因人而异的人情原则。可以期待，进城的乡村人——走出乡土的人们，面对陌生的人群，会更容易发展出契约精神和法理社会的。

穿越式社会转型的挑战

美国乡村的大规模人口流动与城市化进程，也就是农业机械化时代，开启于20世纪20年代。因为机械化而剩余的劳动力向城市转移的问题，是由石油革命带来的能源降价结合汽车业带动的大量就业机会解决的。从农业机械化开启到90年代信息革命，相隔大约近一个世纪的时间。

中国社会大规模人口走出乡土是从20世纪80年代初开始的，也就是在农村实行家庭联产承包责任制后。随着机械化和化学肥料之类的现代科技产品的使用，农业开始了现代化。在机械化和人多地少的情况下，农村劳动力过剩，这些剩余的劳动力开始向城镇工商业转移。这个过程伴随着人口流动政策的松绑出现了打工潮，同时这个时期也是中国城市化开始迅猛发展的阶段。90年代中国社会又遭遇了信息革命，可以说中国的农业现代化和信息革命这两个过程几乎是同步进行的。与美国的社会转型相比，在时间上，我们的社会转型可以称为"穿越式社会转型"，或者"压缩式社会转型"，几乎等于瞬间从美国的20世纪初穿越到了20世纪末。以农业立国数千年的中国，在短短的30多年里城镇人口急剧增长，已超过农村人口。

剧烈的社会转型让我国面临着双重的就业挑战，这是我读詹姆斯·加尔布雷斯的新著《常态的终结：大危机与增长的未来》[1]后想到的，尽管他分析的对象是美国社会。

加尔布雷斯是经济学家，他提出的使经济增长常态终结的四大因素，其中一个是数字风暴，也就是计算机和互联网带来的具有信息处理速度和能力的信息新技术。加氏回顾了20世纪30年代和2008年的美国经济危机。他认为，美国20年代开始把拖拉机和化学肥料等现代科技产品投放到农业中，农业的现代化把乡下的劳动力节省下来，他们进入城市做技工，如同我们20世纪80年代开始的打工潮。拖拉机取代了人力和畜力，比如从20世纪20年代到1950年，美国的马和骡子的数量从2500万头减少到800万头，剩下不足原来的三分之一。这个现象也出现在中国的20世纪90年代到21世纪初的一二十年里，20年前，村庄里到处都是耕牛，而今许多村子一头耕牛也找不到了。美国在20世纪20年代因过度地投入农业部门的资本，加上走出来的人口购买力较低，造成了经济危机。罗斯福新政时期美国成立了农业调整署，并予以农业最优先的支持。凯恩斯主义让政府投资雇佣劳动力，紧接着是"二战"。幸运的是，就在经济危机的同时石油革命发生了，新的能源开启了汽车时代，于是乡村男女和他们的孩子就去工厂、建筑工地、商店等地方工作。与汽车行业相关的筑路公司、维修店、车库

---

[1] James K. Galbraith, *The End of Normal: The Great Crisis and the Future of Growth*, New York: Simon & Schuster, 2014.

等都创造了就业机会。

根据熊彼特的"创造性破坏"理论,先有创造,接着就是破坏。加氏说,农村因为机械化破坏了劳动力的就业机会,但是这些劳动力借着石油革命带来的围绕汽车业的就业机会,为美国创造了持续的经济增长。直到20世纪70年代,石油新技术完成了对农村的破坏,也就是乡村人走出乡土的过程基本完成了。乡村已经掏空,农业人口极少了,这是美国人走出乡土的城市化时代。在我们中国这个城镇化进程中,乡村也在被掏空,留守的多是老人和儿童。

20世纪90年代遇到了信息革命,计算机和互联网把世界彻底做了一次大变革。加氏认为这一次的技术革新,破坏掉的就业机会远比创造的多,而且加剧了社会不平等。计算机和互联网几乎把传统电话取代了,银行前台职员让位给了自动取款机,传统媒体正在新媒体面前步步后退,实体店铺被网店取代,尤其是实体书店几乎被网络书店悉数击败,甚至书籍本身都在电子化,电子邮件的快速及时让传统信件逐渐减少等。这些由信息新技术发展带来的对传统就业机会的破坏,则与以前的农业机械化和石油革命的情况根本不同,在这次信息革命中被迫失业的人群很难找到相应的可以胜任的新职位。加氏说:"新技术的明显后果就是失业。"[1] 而当一

---

[1] James K. Galbraith, *The End of Normal: The Great Crisis and the Future of Growth,* New York: Simon & Schuster, 2014, p.141.

个人失业了，没有收入，没有住房，没有网络，没有电脑，所谓的现代电子产品带来的福利也就享用不到了。

中国在短短30年时间里经历了美国近一个世纪的变革历程，从传统农业中解放出来的劳动力的就业问题还没有很好地解决，信息革命带来的新一轮就业难题又来了。如果不是近几十年里以低廉的劳动力价格带来的中国作为世界工厂的时代，劳动力就业早就不堪重负了。如今每年七八百万的大学生毕业了，就业机会那么少，怎么办？政府提倡的是全民创业，万众创新。在关于美国的分析上，加氏是政府干预政策的支持者，也因此多年来为主流经济学边缘化，政府干预也是当今政府负责就业意识形态的体现。事实上，就这些受过高等教育对未来有较高期望的人们而言，如果这些高学历的人们，尤其是从乡村出来的大学生、研究生们，奋斗了十几年之后，还住不上房子，甚至失了业，而同时富豪集团与普通民众的收入差距越来越大，社会的危机将不堪设想。这对我们这个穿越式转型社会是极大的挑战。

面对这样的时代，宏观地看，真正的问题不是减少失业，因为新科技带来的效率必然让许多人力资本无处可用。失业并不是说一个人没有能力，没有知识，没有天赋，而是说机器代替人完成了任务，不需要人力了。实际上，真正有创新能力的人也是少数，这是人类历史漫长进化的结果，因为整个历史过程基本上都是稳定的，没有激励人创新的环境，而且创新的更多的是不好的东西，少数才是有益的，这是必然的。就说如同雨后春笋的网络公司,最后竞争淘汰掉的是绝大多数。在这样的时代,政府关键是考虑如何重新安排人们的工作、生活、收入和福利。比如,减少工时,让更多的人有时间锻炼、读书、娱乐等。美国劳工联合会前主席格林说:"空闲时光即将到来,唯一的选择是失业或休闲。"[1]

从我所了解的中国社会的情况看,不少人(尤其是农民工)的工作时间太长了,他们没有星期天,甚至中秋节、春节等国家法定节假日,还在上班。我一个亲戚刚大学毕业,在一个公司上班,一天工作12个小时,有的人甚至一天工作16个小时。这是信息时代吗?为什么不能减少工时,提高工资?过度的劳动会损害健康,这不仅是个人的损失,也是社会的损失。如同加氏所分析的,信息时代的新技术带来的收入不平等如果按市场逻辑进行下去,会越来越大。国家政策干预,调整财富分配,合理安排人们的工作时间和收入福利是必要的。法国经济学家托马斯·皮克迪出版的《21世纪的资本》轰动世界,他通过分析世界范围内的经济不平等现象,主张通过税收来调节这种不平等。

总之,在中国社会穿越式转型的现实挑战面前,在乡村人走出乡土的这个时代,我们必须以"新常态"的思维方式

---

[1] Jeremy Rifkin, *The End of Work: The Decline of the Global Labor Force and the Dawn of the Post-Market Era*, New York: G. P. Putnam's Sons, 1995, p.222.这是一本优秀的关于现代社会的工作和休闲的书。

来应对新科技带来的就业职位的紧缺问题（加尔布雷斯认为经济增长的常态已经终结了）。现代社会不仅仅是创造就业机会，还有如何让人们的生活质量真正地提高，这个责任也越来越成为政府日常工作的一部分。

二 文字下乡：乡民进城

是知识问题，不是智力问题

乡土社会里的"土人"从"土"里拔出来，基层教育的普及功不可没。现在，我们就来看《乡土中国》的第二章《文字下乡》。

费孝通在出国之前，功能论派的痕迹已经很浓了，这是那个时代的一个特征。自社会学之父孔德开始，早期社会学理论就重视生物学的有机体对社会分析的意义。沿着这个思路，斯宾塞（其实斯宾塞理论还有一个路线，是进化论，但没有进入当时费孝通的视野）、涂尔干等社会学先驱就以功能主义来分析社会中的各种制度和文化。这一理论到帕森斯那里达到最高峰，直到20世纪70年代，一直都是社会学的主导理论。早期功能论最大的缺点是把现存的社会各个部分（尤其是文化和制度）都以对整体的功能和作用而合理化了。后来另一位功能主义大家罗伯特·默顿提出了正功能、反功能和潜功能等概念，开始修正早期的弊端。

费孝通去英国跟随马林诺夫斯基读博士，而马氏是功能主义人类学的开山祖师，这进一步强化了费孝通学术上的功能论取向。《文字下乡》这一章说为什么乡村没有文字，关键在于人们不需要，没啥用，因为那是个熟悉的社会。费孝通说："不但文字是多余的，连语言都并不是传达情意的唯一象征体系。"这个解释的直接目的是为了反驳当时乡村工作者（一种流派）的观点，即乡下人是"愚"的。

《文字下乡》开头第一句话直奔要反驳的论点："乡下人在城里人眼睛里是'愚'的。"然后说：

> 我们当然记得不少提倡乡村工作的朋友们，把愚和贫病联结起来去作为中国乡村的症候。关于病和贫我们似乎还有客观的标准可说，但是说乡下人"愚"，却是凭什么呢？

接着，费孝通引用了一个乡村工作者认为乡下人"愚"的具体例子：

> 乡下人在马路上听见背后汽车连续地按喇叭，慌了手脚。东躲也不是，西躲又不是，司机拉住闸车，在玻璃窗里，探出半个头，向着那土老头儿，啐了一口："笨蛋！"

这个例子有人说是针对冯友兰的文章说的（比如季蒙的《城

乡论》),因为冯友兰在一篇《辩城乡》里这么写道:

> 城里的狗,看见一辆汽车,行所无事,坦然地躲在一边。而乡下的人,看见一辆汽车,不是惊奇地聚观,即是慌张地乱跑。城里的狗见汽车而行所无事,此即其知识高,见汽车而不慌不忙地躲,此即其才能高。(冯友兰《辩城乡》)

费孝通对此说:

> 如果这是愚,真冤枉了他们。我曾带了学生下乡,田里长着苞谷,有一位小姐,冒充着内行,说:"今年麦子长得这么高。"旁边的乡下朋友,虽则没有啐她一口,但是微微地一笑,也不妨译作"笨蛋"。

对此,费孝通接着又进一步说明:

> 乡下人没有见过城里的世面,因之而不明白怎样应付汽车,那是知识问题,不是智力问题。正等于城里人到了乡下,连狗都不会赶一般。

两相对照,实在不能说乡下人这种缺乏某方面的知识就是愚。可是,城里人的优越感造成了,即便城里人不知道乡村的知识，但那是不屑于知道，不是愚；而乡村人不知道城里的知识，则被城里人认为愚了。这实在是偏见，城里人成了现代和进步的代表。

可惜在乡下人自己看来，似乎也觉得自己实在是"愚昧无知"的，潜意识里接受了城里人送给他们的偏见帽子。

乡下进城读书的学生，也因为带着的"愚"而自卑

乡下孩子通过努力，在高考制度所赐的机会下进了城读大学，与城里来的同学比较，也是颇为自卑的。城里的孩子见识多，好像懂的东西非常多，加上他们文艺方面从小有好的发展，吹拉弹唱、跳舞、画画都或多或少可以露一手。比较而言，农村来的孩子就自惭形秽了。还有在待人接物上，虽然人们待人接物大概有个普遍原则，但是在具体实践中还是不同的，乡村和城市的规矩不一样，官员家的孩子和知识分子家的孩子习得的规矩也会不一样，农村孩子有时候因为没有见识和实践，到城市上大学后，在很长时间里感觉无所适从，这其实不能说明城里学生比乡下来的学生智商高。

费孝通用自己到乡下见到的现象作为例子，来说明城里孩子和乡下孩子，因为环境差异带来的见识不同，二者各有特长，不是谁愚谁智的问题，而是知识的问题：

同事中有些孩子送进了乡间的小学，在课程上这些孩子样样比乡下孩子学得快，成绩好。教员们见面时总在家长面前夸奖这些孩子有种、聪明。这等于说教授们的孩子智力高。我对于这些恭维自然是私心窃喜。穷教授别的已经全被剥夺，但是我们还有别种人所望尘莫及的遗传。但是有一天，我在田野里看放学回来的小学生们捉蚱蜢，那些"聪明"而有种的孩子，扑来扑去，屡扑屡失，而那些乡下孩子却反应灵敏，一扑一得。回到家来，刚才一点骄傲似乎又没有了着落。

　　在费孝通看来，"乡下孩子在教室里认字认不过教授们的孩子，和教授们的孩子在田野里捉蚱蜢捉不过乡下孩子，在意义上是相同的"。我基本上认同这个说法（有一点保留是因为我们不知道城里人和乡下人在智商遗传方面，比如教授孩子和乡下孩子，是否有统计学上的显著性差别），环境的影响是肯定存在的。

　　费孝通对在捉蚱蜢和学认字方面教授的孩子和乡下孩子有差别的原因的认识是：

　　　　我并不责备自己孩子蚱蜢捉得少，第一是我们无须用蚱蜢来加菜（云南乡下蚱蜢是下饭的，味道很近于苏州的虾干），第二是我的孩子并没有机会练习。教授们的孩子穿了鞋袜，为了体面，不能不择地而下足，弄污了回家来会挨骂，于是在他们捉蚱蜢时不免要有些顾忌，动作不活灵了。这些也许还在其次，他们日常并不在田野里跑惯，要分别草和虫，须费一番眼力，蚱蜢的保护色因之易于生效。——我为自己孩子所作的辩护是不是同样也可以用之于乡下孩子在认字上的"愚"么？我想是很适当的。

这里费孝通的善解人意，非常令人佩服。我们的家长和教育工作者面对城乡孩子的差异，有这种同情的理解吗？！

他接着说：

> 乡下孩子不像教授们的孩子到处看见书籍，到处接触着字，这不是他们日常所混熟的环境。教授们的孩子并不见得一定是遗传上有什么特别善于识字的能力，显而易见的却是有着易于识字的环境。这样说来，乡下人是否在智力上比不上城里人，至少还是个没有结论的题目。

这里费孝通所说的教授们的孩子在识字上的优势，用现在的话说是文化资本，这个东西和生活的社区有关，更与家庭环境相关。俗语说，培养一个贵族需要三代，就是对文化资本的积累和传承而言的，这不是看两本书可以解决的问题，是耳濡目染习得的思想观念、文化品位。知识易得，品位难求。

这也就是为什么乡下孩子进了城念书，来自乡下的"土气"不是说抖落掉就可以抖落掉的，那是在乡下环境里日积月累打上的印迹。当然这不是智力的问题，但也不全是知识的问题。

费孝通推出的逻辑结论是：

> 这样看来，乡村工作的朋友们说乡下人愚，显然不是指他们智力不及人，而是说他们知识不及人了。这一点，依我们上面所说的，还是不太能自圆其说。至多是说，乡下人在城市生活所需的知识上是不及城市里人多。这是正确的。我们是不是也因之可以说乡下多文盲是因为乡下本来无须文字眼睛呢？说到这里，我们应当讨论一下文字的用处了。

总结起来，城里人说乡下人愚，不仅在于读书和捉蚱蜢这样的例子所说明的环境造成的知识不同，更多的应该是一种城里人的自我中心观念，知道怎么样躲汽车就比知道小麦和苞谷的区分要高级吗？这是见识问题，是环境造就的。城里人来人往，是人与人交流、物与物交换的集中地，五方杂处，一个城里人想不见识多都难。每个人都需要这么多见识吗？也不一定。在乡下想有这种见识也难，大概也不需要。

熟悉的社会，没有文字的需要

从乡下人的"愚"是因为知识少，转到本章主题——文字下乡。乡下人不需要文字,因为文字在乡下人那里用不着,这是接下来费孝通得出的结论,也是沿用功能主义理论的回答。我怀疑,即使在城市里,现代教育开始普及之前,读书人,或者说认识字的人比例也不会高,但是城乡依然会有见识上的差异,城里人见识广。当然乡村出来的游民另说。

  费孝通说,在乡下,乡土社会的一个特点是"这种社会的人是在熟人里长大的"。这些熟人天天见面,是面对面的群体。他还引用归有光《项脊轩志》里的观察,乡土社会里的人们日常接触久了,甚至可以用脚步声来辨别来者是谁。这我是有体会的,村里熟悉的人,你听脚步声就知道是谁。所以在这样的社会里,你问对方是谁,敲门的人十有八九会回答"我"。费先生说,这种习惯,有时候还是会被带到城市里来。即使在电话时代,打电话的人,你问他是谁,他还会说是"我"。这么自动认为对方知道自己是谁的人,至少自己认为他们之间是熟人关系,能听出来谁在打电话。其实,这种思维,常常造成误会,听了半天,还不知道谁在打电话。费孝通讲了自己的一个经历:"我有一次,久别家乡回来,在电话里听到一个无法辨别的'我呀'时,的确闹了一个笑话。"

  在乡土的熟人社会里,确实如费孝通观察的,"贵姓大名"是用不着的,足声、声气,甚至气味都可以报出"名字"。我小时候在乡村的观察是,用名字的机会很少,通常长辈称呼晚辈都是小名、代号,比如二孩儿、三妞和大娃儿,等等;晚辈称呼长辈是二叔、三婶、四老爷,等等。按照辈分,人人的称呼都不同,这在陌生人的社会就不会如此。陌生社会里晚辈称呼长辈通常一概是叔叔、阿姨,不会是二叔、三婶的。熟悉的是"个别",不熟悉的就必须抽象出个"普遍原则"来。

这就说到在熟悉的社会里,是否需要文字的问题。"文字发生之初是'结绳记事',需要结绳来记事是为了在空间和时间中人和人的接触发生了阻碍。"不能当面讲话,就需要找一些东西来代替话语。比如费孝通举的例子:

> 在广西的瑶山里,部落有急,就派了人送一枚铜钱到别的部落里去,对方接到了这记号,立刻派人来救。这是"文字",一种双方约好代表一种意义的记号。

所以,面对面可以说清了,文字是用不着的。在费孝通看来,有了文字,还会因为词不达意产生误会。比如:

> 在十多年前青年们谈恋爱,受着直接社交的限制,通行着写情书,很多悲剧是因情书的误会而发生的。有这种经验的人必然能痛悉文字的限制。

因此,"文字所能传的情、达的意是不完全的。这不完全是出于'间接接触'的原因"。

为了补偿文字的缺陷,"在利用文字时,我们要讲究文法、讲究艺术。文法和艺术就在减少文字的'走样'"。我们日常交流对话时带着表情，以弥补文字的不足，如果在日常语言中如书写文字一样，讲究文法和艺术，则显得迂阔，会被人笑话。所以，"这是从书本上学外国语的人常会感到的痛苦"。对这句话，我学英文就很有体会，确实如此，因为在国内就是"从书本上学习外国语"，来美国后才知道日常口语是怎么回事。

因此，在费孝通看来：

> 这样说来，在乡土社会里不用文字绝不能说是"愚"的表现了。面对面的往来是直接接触，为什么舍此比较完善的语言而采取文字呢？

费孝通先生推出的结论是，乡村工作者所谓乡下人的"愚"是不成立的。他反驳得很好。但是，他仅从熟悉社会只需要语言、不需要文字来解释为何乡土社会缺乏文字，不免过于片面简单了。费孝通先生还是外来者，对乡村人不够了解。他们真的不想学习文字？首先，乡村里认字的人身份上就不一样，在大家眼里那是认字的、有学问的。我有个文盲邻居，比我大几岁，一次我在读研究生期间回老家，他见了我问，现在能认识多少字了，几千个还是几万个。在他的眼里，上学就是认字的；上的年级越高，认的字就越多。

其次，从实用的角度说，认识字了，说不定什么时候就派上了用场，可应不时之需，即使在乡土社会里也是这样。有句老话，说"艺不压身"，或者叫"技不压身"，认了字，也是多了一门"艺"或"技"，比如，家里有人外出，写个信、念个信什么的。我在家读书的时候，旧时代过来的老年人，基本上都不认识字，我就多次替别人念信、回信。再比如，如果做点小生意，记个账本，也需要文字。我的一个乡村出来的同龄朋友，他的母亲与我母亲一样，不认识字。他家里做点小买卖，他母亲一个人在家的时候，谁来买东西赊账，需要记下来谁谁买的什么，欠钱多少，她就发明了一套记录符号来记账，只有她自己认识，多少年过去了还不会认错。总之，即使在乡土社会里，文字还是需要的，并不是因为熟悉了，交流可以面对面，语言比文字更方便，就真的完全不需要文字了。

最后，如果认识了文字，也可以读些书，增加生活的趣味。虽然乡土社会有个书本不容易，但只要识了字，有了书本就可以读了。

阻碍文字的下乡，关键在于两个方面。一方面是乡村穷，上学认字大概是比较奢侈的。我小时候，还不时听到村民说自己的子女，上学的目的就是认几个字，起码认识自己的名字，不是睁眼瞎，一旦有机会进了城，能认个男女厕所；离开家了，能给家里写个信。他们要求很低，目标要上大学的，似乎不多，因为身边缺少榜样，孩子们学习也都不怎么好。我是村里第一个本科生，1994年由中师保送上的大学。即使在教育普及的时代，文字在转型社会的乡村里，村民还是只求一点基本的作用，但不是不需要。

另一方面是缺乏教授文字的人才，即使有些人家经济上可以支付得起，也找不到老师。经济学里有个供应学派，认为供应创造了需求。比如，我小时候，村里经常会有少林武术班，几个跑江湖的"武师"一召集，临时借个场地，办了个短期武术班，这样周遭几个村子的小孩子（我的印象都是男孩子）就报名缴费来学习了。现在就没有这种班了，因为在乡村，挣不到太多钱，没有人来办了。就是没有供应了，人们也想不到这个练武术的需求了。真正具有强烈愿望要学习的，就直接去嵩山少林寺了。

总之，并不能因为乡土社会里都是面对面的群体，就认为乡村人对文字没有需求了。

语言的群体性与"特殊语言"

《乡土中国》从文字的不必要，接着进一步论述语言本身在面对面社群里也是不得已而采取的工具。从这里开始进入到了语言问题：

> 语言本是用声音来表达的象征体系。象征是附着意义的事物或动作。我说"附着"是因为"意义"是靠联想作用加上去的，并不是事物或动作本身具有的性质。这是社会的产物，因为只有人和人需要配合行为的时候，

个人才需要有所表达；而且表达的结果必须使对方明白所要表达的意义。

这就是语言的社会性，或叫"群体性"特征。

所以象征是包括多数人共认的意义，也就是这一事物或动作会在多数人中引起相同的反应。因之，我们绝不能有个人的语言，只能有社会的语言。要使多数人能对同一象征具有同一意义，他们必须有着相同的经历，就是说在相似的环境中接触和使用同一象征，因而在象征上附着了同一意义。因此在每个特殊的生活团体中，必有他们特殊的语言，有许多别种语言所无法翻译的字句。

这短短的对语言的认识，实际上直接点明了语言的本质特征。这种特征有这样几个现象，比如一个是"共同语言"问题，典型的例子是我们两个人都说中文，甚至在一个村子长大，共同的背景很多，而没有"共同语言"。其实这不仅仅是语言问题了，而是"共同语言"还需要有一种很独特的心灵契合的共振，现代社会有人说同一波长的共振才能达到这种"共同语言"状态。另一个问题是对语言的误读，语言是象征符号，语言交流是个编码和解码的过程，当这个过程任何一个环节出了问题，就会造成"误读"。后现代的解构理论就认为，当我们说出话的时候，其含义已经变化了。这简直让人想起佛祖"拈花而笑"，因为靠语言是不行的了。

还有一个费孝通未提到的语言问题，就是在乡土社会里，人们由于过于熟悉，面子问题也就更重要了。为了照顾面子，不少时候，说出的话是九曲十八弯儿，绕弯弯，说的话明明是一，意却在二，意在言外。但因为解读的多样性和模糊性，就照顾了面子。如果解读的人够"聪明"，能够正确领会，还会感激对方，这就是有句话说的"聪明人一点就透"；如果碰到一个糊涂蛋，必须明说了才能明白，弄得双方都很尴尬。有人也用这个特点来区分中国人和西洋人，西洋人就比较"直接"。如果说乡土中国的特征比较具有中国普遍性的话，这说法也许有些道理。

在语言的群体性上，费孝通接着说：

> 语言只能在一个社群所有相同经验的一层上发生。群体愈大，包括的人所有的经验愈繁杂，发生语言的一层共同基础也必然愈有限，于是语言也愈趋于简单化。这在语言史上看得很清楚的。

也确实有这个特性。比如蕴含中国经验的成语典故，在和美国人交流时，找个合适的对应解释就很费劲。如果你很理解西方文化和传统，还可以去找类似的词语，但通常不太容易对应。像"一箭双雕"和西方的"kill two birds with one stone"还好对应,如果是"请君入瓮",找对应英文就不是这么容易。前者是自然物品成分高,后者是社会历史背景成分高。

群体的大小不同,大的群体,包含着很多小群体,有个共同的大群体语言,比如中文普通话,还有很多地方小群体语言,比如闽南话、粤语、上海话、河南话和四川话等。具体到母子之间,母亲和婴儿还有特殊的只有他们自己能理解的语言。这就是费孝通所说的"因个人间的需要而发生许多少数人间的特殊语言,所谓'行话'"。

行话是同行人中的话,外行人因为没有这种经验,不会懂的。在每个学校里,甚至每个寝室里,都有他们特殊的语言。最普遍的特殊语言发生在母亲和孩子之间。

回到乡土中国的熟悉社会,"'特殊语言'不过是亲密社群中所使用的象征体系的一部分,用声音来作象征的那一部分"。在面对面的交流中,除了语言还有表情、动作等,都在传情达意。每个动作的解读和当时的背景、语境有关。语言本身的局限性,就需要其他的材料来补充。所以费孝通也说:"我想大家必然有过'无言胜似有言'的经验。"靠着语言,"我们永远在削足适履,使感觉敏锐的人怨恨语言的束缚"。

于是在熟人中,我们话也少了,我们"眉目传情",我们"指石相证",我们抛开了比较间接的象征原料,而求更直接的会意了。所以在乡土社会中，不但文字是多余的，连语言都并不是传情达意的唯一象征体系。

如同前面所说，我还是觉得费先生对语言的理解过于理想化了。在乡土的熟人社会里，话语的讲究颇多呢，该说到的话，不说出来，是失礼，不懂事；即使是虚晃的面子话，功利的实用主义者可能认为是废话，但是说出来就不一样，表示着人们之间的关系状态。即使一句俗得不行的"您吃了吗"或"您住下吧"，也表明一种态度，至少表示还在面子上过得去，否则就几乎意味着，我不乐意再与你交往了。

要现代化，文字还是要下乡的

虽然费孝通通篇文章都是在论证乡土社会不需要文字，甚至连语言都几乎可以不用凭借，但是并不是说费孝通反对乡村工作者们要推行的文字下乡。他说："我绝不是说我们不必推行文字下乡，在现代化的过程中，我们已开始抛离乡土社会，文字是现代化的工具。"费孝通写此文的目的是为了纠正一些人认为乡村人"愚"的看法的。他说：

> 我要辨明的是乡土社会中的文盲，并非出于乡下人的"愚"，而是由于乡土社会的本质。我而且愿意进一步

说，单从文字和语言的角度中去批判一个社会中人和人的了解程度是不够的，因为文字和语言，只是传情达意的一种工具，并非唯一的工具。而且这工具本身是有缺陷的，能传的情、能达的意是有限的。所以在提倡文字下乡的人，必须先考虑到文字和语言的基础，否则开几个乡村学校和使乡下人多识几个字，也许并不能使乡下人"聪明"起来。

不过，要真的使乡下人"聪明"起来，文字一定是要下乡的，虽然文字下了乡，乡下人也不一定可以"聪明"起来。普及基础教育是工业化社会的必然要求和世界大趋势，从清末民初开始，一些城市就办夜校教工人识字，逐渐地也在向乡下去"送文字"了。这个过程说快也快，说慢也慢。说快，就是说没用几代人的工夫，乡村里文盲基本扫除了；说慢，是说一代一代逐渐地在降低文盲率。我不想用大的统计数字，但是根据身边村里的人不同年龄阶段的受教育情况，就可以以个案来看看这个文字下乡的大概历程。

像我爷爷那一代，民国之初出生的，在村子里能识几个字的人，少之又少，大概只有一两个，那都是要么经济条件好些的，要么有了特殊机会的。像比我爷爷出生早几年的侯镜如先生，是与我同乡的名人，黄埔一期学员，后官拜全国政协副主席。他的家庭条件就是当地比较好的，所以有了读书的机会，他13岁时在薛湖集上完了高小，16岁在永城上完初中，去了开封国立河南大学。在我爷爷那一代，我还没有发现一个可以念书认字的女性。当时好在这个集镇上还有现代教育系统里的高小，有了这样的供应，有条件人家的孩子才可以读书识字，比如侯镜如先生。

到我父母这一代，20世纪40年代出生的，上学的时候是新中国成立初期。我父亲1945年出生，他上过初中，他这一代多数人都认字，但是这代人读过高中的就如同我爷爷那一代识字人的概率，也是极少数的人，一个或者两个。但是，也不是所有人都认字了，我邻居中有两个与我父亲年龄相当的，就是文盲。这代人能写好毛笔字甚至可以写对联的，也很少，我父亲和叔叔可以写。我记得，小时候，村里不少人家买了红纸，让我父亲来写对联。（后来，这个任务我承担了，不久就是我弟弟开始接手了，他的字写得更好。）但是，我父母这一代中女性认字的人在村里似乎找不到。那时候乡村学校是有了，但是条件太差，我母亲告诉我，她跑很远的路，去上小学一年级，又没东西吃，上了几天学就不上了。总体上看，当时重男轻女的观念造成资源更多地偏向男性，所以男性的受教育水平有了较大提高。

到了1970年左右出生的一代，上学的时候是在"文革"后期和改革开放初期，那是很特殊的时期。我姐姐就是这个年代出生的，她的同龄人中，上小学的就比较多了，似乎没有入学的人极少，但是他们通常小学没毕业就辍学了，经济条件不允许是一个原因，学习跟不上似乎是更重要的原因。因为这一代以及年龄更大的人群里文盲较多，我上小学的20世纪

80年代中期，几乎每年都有扫盲班，还有扫盲课本。我姐因为家里经济原因，读完小学二年级升上三年级（虽然是班级第一名），一开学就辍学了。所以，后来她也是扫盲对象，我还跟她一起去上过夜晚的扫盲班。她因为自己聪明、爱读点小说，现在居然认字不少，普通小说都可以读了。那时的扫盲班，似乎形式重于内容，考试卷子都是老师拿给我们在校的学生做的，我上小学五年级那年就代扫盲班学生做过考试卷子。那时候不懂，现在知道那是学校安排的对付上级任务的集体作弊。

总趋势是不可抗拒的，文字下乡变成了义务教育的教育普及。像我这样出生在20世纪70年代中期及之后的农村孩子没有进过学校的极少了，但是，还是有很多人不到小学毕业就辍学了。当然还有个别没进过学校的，比我大一岁的一个邻家女孩，就没有进过学校，她的家长怕她上学花钱，还耽误在家干活。我小学的班级，一年级时有四五十个学生，五年级毕业考试时还有十多个，到初中毕业时就更少了。因为赶上了打工潮，目前不少孩子小学没毕业就出去打工了，辍学的比例还真不小。当然，现在孩子上高中的比例也高了，毕竟一般家庭都孩子少，经济条件也好多了，只要小孩愿意读书，父母都会支持读下去的。而真正读到大学的孩子，依然是凤毛麟角。

这就是文字下乡过程的大概状况。现代化的国家要提供免费基础教育，文字下乡，培养合格的劳动力。

乡土社会的"褪色"和留守儿童

　　文字下乡对乡土社会的"土"色消退是必不可少的,但是,这个褪色过程,却是现代科技、大众传媒,连同城市化和工业化一起带来的"农民工"大潮给冲刷的。在这个大潮里,乡土社会原来的"土"渐渐褪了色,因为知识,更重要的是眼界的开阔,乡村人所谓的"愚"也在消失中。

　　早期,电影的影响还不大,因为乡村人每年也看不上几场电影。电视普及后,城里人的生活和大世界里的各种事物在电视上都可以看到了。在电视普及之前的农村,国家主席是一个皇帝一样遥远的谜,因为农民看报纸是稀罕的事情,很少看的,只有学校老师们才有报纸,村干部可能会有。电视普及了,在《新闻联播》中看到美国总统来了,跟国家主席一起座谈、握手,看电视就像看真实的人在面前似的。广告里化妆品、电器、汽车都有,大街上人来人往。乡村人就不会出现这种情况了——看到汽车不知道是什么,手足无措,不知道哪里躲。当然,更为重要的是,政策宽松后,农民可以进城打工了,亲自见识了城里各色人物和环境,不仅仅是在电视上看到的了。

　　因为人口的流动,乡村里不再是原来大家常常面对面的熟悉群体了,而是如同临时客店一样,大家回来看看,住上几天就走了。这就有了留守儿童问题，这是教育上的一个大问题。父母都进城打工了，孩子留在乡下，爷爷奶奶、外公外婆们在照看，管他们吃穿，甚至接送上学。实际上，父母是孩子教育必不可少的角色。我今年回老家，看到了乡村里的这个现象，孩子由爷爷奶奶带着，其实他们可不容易带了。父母管起孩子来还方便些，爷爷奶奶对孩子比较溺爱，也不敢多管教。

乡下的教育其实也像村庄一样在变"空"，村庄里几乎都是留守儿童和老人。打工家长条件好些的，要么把孩子送到城里住校上学，要么带在身边，送他们到打工子弟学校入学。据说上海对外来打工者子弟提供的教育还比较好，接纳这些孩子，认同他们是这个城市的一员。就这样，乡下生源在减少，师资也在流失，有条件的老师也谋求进城发展了，优秀的教师被挖走了。我的观察是，像北京这样的大城市，发现外地有好老师，不惜重金聘请过来。大城挖小城，小城挖乡镇，乡镇挖乡村，一级一级来，乡村教育资源本来就薄弱，这样一来，就更加薄弱了。这样的情况真不容乐观。

此外，因为合并乡村学校，学生就近入学更困难了。这样的后果是：一方面，许多村庄失去了原来的学校，那么一点文气也没了，我就读的小学和初中都被合并掉了，原校址的校舍已经破烂，校园里荒草丛生；另一方面，学生因为学校远了，有的干脆到城里住宿读书了，有的就辍学打工去了。还有一点与我上学时候不一样的是，那时候上学无须家长接送，社会安全，孩子们在从家到学校的路上，有玩有伴；而现在因为家长的接送，一路玩耍聊天的伙伴就没了。

　　文字下乡了，流动增加了，"乡土"褪色了，村庄也空洞了。传统乡村的家乡，已经变成了"梦里家乡"。因此，文化出现反哺了，年龄大不再是有见识的标志，小年轻才见多识广。

三 乡土文化传承：乡村精英流失

"当前"是靠记忆"过去"的累积

《乡土中国》的第二章是论文字下乡的，第三章仍然是说文字下乡问题。在第二章里费孝通说，文字是在人与人传情达意的过程中受到了空间和时间的阻隔才发生的。从空间角度说，熟人社会，面对面的群体，有话可以当面说，文字是多余的；第三章则从时间角度来看，乡土社会里是不需要文字的。我认为，这两章表面上是写文字下乡，实际上是通过这个问题来分析乡土社会的特征的，包括空间上的不流动带来的熟人社会，以及时间上几近静止的世代文化生活变迁。

从时间角度看，阻隔分两个方面，或者两个层面。费孝通说："所谓时间上的阻隔有两方面，一方面是个人的今昔之隔，一方面是社会的世代之隔。"

人的过去、现在和未来是一个连续体，以时间维度一路绵延。从个人角度看，人具有不同于其他动物的独特"学习的能力"，这个学习能力让人具有无限可能性，用费孝通的话说就是"他的行为方式并不固执地受着不学而能的生理反应所支配"。虽然我们经常用"学习"这个词,但它究竟是什么意思呢?费先生给"学"和"习"下了定义,这个定义其实可以帮助我们理解,作为普通人的行为方式,在乡土社会的环境里,为什么人们也要学习,但是不需要文字:

> 所谓学就是在出生之后以一套人为的行为方式作模型,把本能的那一套方式加以改造的过程。学的方法是"习"。习是指反复地做,靠时间中的磨炼,使一个人惯于一种新的做法。

既然有个时间差,学习就必须打破这个"今昔之隔",就是昨天学的新东西,今天还必须练习,强化这种学的行为模式,这个"时间桥梁"就是"记忆",人类的一种特殊能力。

正如费孝通所说,动物也有学习过程,也可以说有记忆,但不同于人类的是,"它们的'记忆'是在简单的生理水准上"。人则不同,人要靠一套象征体系,这个象征体系中最重要的是"词"。

这里引入了"词"的概念,"词"是抽象的,由此又提到了"个别"与"普遍"的关系:

> 我们不断地在学习时说着话,把具体的情境抽象成一套能普遍应用的概念,概念必然是用词来表现的,于

> 是我们靠着词,使我们从特殊走上普遍,在个别情境中搭下了桥梁;又使我们从当前走到今后,在片刻情境中搭下了桥梁。

人与动物的一个不同之处,就是人可以利用"词"来记忆存储往昔。所以就是"他有能力闭了眼睛置身于'昔日'的情境中,人的'当前'中包含着从'过去'拔萃出来的投影,时间的选择累积"。

从功能论出发,记忆是有选择性的,不会是过去的所有都会被记忆下来,人利用和发展这个能力,是因为"他'当前'的生活必须有着'过去'所传下来的办法"。个人需要学习这套他一生下来社会就准备好了的文化、生活的方法,而这套方法,"并不是每个人个别的创制,而是社会的遗业"。

向别人学习,学习累积下来的文化,是人类的独特能力。比如小白鼠就是自己从"试验错误"的过程中获得生理反应,得到个别的经验,不能相互学习。人却可以靠着他们的抽象能力和象征体系(比如语言和文字),不但"累积了自己的经验,而且可以累积别人的经验":

> 社会共同的经验的累积,也就是我们常说的文化。文化是依赖象征体系和个人的记忆而维持着的社会共同经验。

这是费孝通对文化的定义。他传承老师马林诺夫斯基的功能论立场，认为文化是一套满足生活需要的规范和方法。

文化的社会共同性与个人记忆的个别性关系，就是"每个人的'当前'，不但包括他个人'过去'的投影，而且是整个民族的'过去'的投影"。我们也可以说，历史是一种集体记忆，深入到我们当下的文化里，当下是历史的延续。在这个意义上说，"历史对于个人并不是点缀的饰物，而是实用的，不能或缺的生活基础"，所以，"人不能离开社会生活，就不能不学习文化"。

顺便说一点人类学习的重要性。人类进化与其他动物相比，最突出的特点就是形成了硕大的脑体。如果头颅太大，婴儿出生时就难以通过母亲的产道，为了繁衍，人类脑体的发育大约三分之二要在出生后的成长中进行。这样就有了一个长期的幼胎持续状态，给人的发展提供了无限可能性。其他动物，比如沙漠中的蜥蜴，就不是这样，刚刚出生就和成年的形状几乎一样，只是个头小而已，而且它出生后马上就自动掌握了成年蜥蜴的所有技能。不过，这种情况对于蜥蜴来说，是因为环境单一，它们大部分时间就在沙漠中一动不动地趴着，它的技能足以应付生存环境。而人类不是，我们与祖先的生活环境很不同，我们要生存，就必须学习与祖先不同的技能。比如100年前，我们没有电脑，不需要学习使用电脑，现在几乎没有什么工作不需要借助于电脑了，所以，要在成年之前的十几年里装备自己，12年的中小学教育就成了必需品。100年前，就没有这个必要。在幼胎持续期，人的可塑性很大，根据神经达尔文主义的理论，外界环境提供了哪方面的刺激，哪方面的神经丛就发展起来，得不到刺激的就慢慢消逝了。

所以，在传统的乡土中国里，因为环境变化过于缓慢，人们要学习的东西不多。但是，传统的一套价值观念和行为方式，还是要学习的，毕竟人不同于动物仅靠本能就可生存。而且，在当下变迁速度加快的时代，我们不仅要学习已有的知识，还要发现新知识，具有创新思维和创新能力。

生活是时间之河

从历史作为累积的文化和个人生活必须学习文化来说，人的生活就和时间关联起来了。费孝通说这个关联中间最主要的桥梁是"词"，词在英语里是"word"，而《圣经》里也有翻译成"道"的，比如"道成肉身"。词也和"说"直接关联，这就是语言。这里费孝通强调了《圣经》里《创世记》中"说"的重要性，他说：

> 有人说，语言造成了人，那是极对的。《圣经》上也有上帝说了什么，什么就有了，"说"是"有"的开始。这在物质宇宙中尽管可以不对，在文化中是对的。

语言是重要的,"没有象征体系也就没有概念,人的经验也就不能或不易在时间里累积,如要生活也不能超过禽兽"。顺便说句题外话,上帝在《创世记》的七天里"说"有什么,就有了什么,然而人却是他依自己的形象"创造出来的",而不是"说"出来的。所以说,人一问世,就有独特的能力,学习前六天累积下的(自然)历史。

生活是时间之河,必须有象征体系,概念可以帮助累积和记忆经验、文化。

词可以是说出来的"语言",也可以写出来成为"文字"。语言的历史要远远长于文字的历史。费孝通说:

> 但是词却不一定要文。文是用眼睛可以看得到的符号,就是字。词不一定是刻出来或写出来的符号,也可以是用声音说出来的符号、语言。

其实这里费孝通进入了语言和文字研究的领地。

在文字诞生之前就有了语言,我们说文明史通常是有文字记载的文明史。"一切文化中不能没有'词',可是不一定有'文字'。"这是为了说明,乡土社会大体上是没有"文字"的社会,但是有"语言"和用以表达的"词"。

根据生活的需要选择记忆

为什么乡下人没有文字的需要呢？从时间角度看，我们需要一套历史上累积下来的文化，语言和文字都可以传递文化，除了空间上的熟悉社会外，时间上的原因是什么呢？

人必须学习文化，生活中需要记忆。若以本能就可以应付生活了，就没有学习文化的必要，也没有发展记忆的需要了：

> 人在记忆上发展的程度是依他们生活需要而决定的。我们每个人，每一刻，所接触的外界是众多复杂的，但是并不尽入我们的感觉，我们有所选择。和我们眼睛所接触的外界我们并不都看见，我们只看见我们所注意的，我们的视线有焦点，焦点依着我们的注意而移动。注意的对象由我们选择，选择的根据是我们生活的需要。

这里功能论的痕迹很深，要注意到，我们的选择根据不仅仅是生活的需要，不仅仅是实用性；需要可以是潜在的自己没有意识到的，所以没能注意到，这涉及社会结构和心理学问题。

不过，也许事实上真如费孝通观察的那样，乡下人太实用主义了："对于我们生活无关的，我们不关心，熟视无睹。"看看这种功利主义在当今教育上的表现，能说费先生的观察没有道理吗？

需要的就关注，就记取。费孝通定义了"记"和"忆"：

> "记"带有在当前为了将来有用而加以认取的意思，"忆"是为了当前有关而回想到过去经验。事实上，在当前很难预测将来之用，大多是出于当前的需要而追忆过去。

当然，这里费先生未区别有意记忆和无意记忆这样的概念，但"无论如何记忆并非无所为的，而是实用的，是为了生活"。

中国人的实用主义和功利主义虽然很强，但老庄一路的人还是有的，庄子的"无用之用"可以有大用，还是"用"，但多少是可以化解一些明显的急功近利的功利主义思想的。在一定意义上，我觉得即使是乡村里的人，个体之间也有很大差异，至少有些异类，虽然不是主流，记忆不总是为了实用，为了生活的。也许费先生为了强调自己的观点，所以说得比较满些吧。

人的记忆在乡土社会

费孝通对比了乡土社会中生活的人与生活在现代都市的人所需记忆的范围不同，注意这里用词是"现代都市"，不是传统都市。以他在《乡土本色》一开始的意思，与乡土社会比较的对象就是在西方影响下的现代都市社会。

"乡土社会是一个生活很安定的社会。……向泥土讨生活的人是不能老是移动的。"乡村人在一个地方出生,生于斯,长于斯,死于斯。极端的乡土社会是老子描述的"鸡犬相闻,老死不相往来"的社会。"不但个人不常抛井离乡,而且每个人住的地方常是他的父母之邦",这样的结果就是世代在一个地方。我小时候就发现村里不少老房子、老宅子,好像都是多少代祖祖辈辈居住的,不像城市的房子可能经常换姓,即换不同的人家居住。乡村常常是子子孙孙在一所房子居住,房子太老的人家,有了经济实力翻翻新而已。即使不得已卖掉,也是首选卖给亲族。

这样的一种黏着性,确实代表着一种"历世不移的企图"。故土难离,当我听到电视剧《平凡的世界》的插曲,范琳琳如泣如诉的一首《故土难离》,真真切切地感受到乡土人的那种恋乡情结。比如歌里唱到"故土难离,故土难离,故土上有我身上的一块胎记,故土难离,故土难离,就是挪上半步也都不愿意。那里有我住惯的窑,那里有我踩惯的泥,那里有我咬惯的馍馍,那里有我嚼惯的小米,我的家在那里,我的根在那里,我懵懵懂懂的心思也在那嗒里……"这里的"惯",就是长时间里形成的熟悉与习惯。

这种"历世不移的企图"使得人即使死在外边,也一定要把棺材运回故乡,葬在祖茔中。我遇见一个在美国的华人学者,聊天时得知她曾研究过早期来美国的华人的墓地设计,其设计形制相对简约朴素,是为了便于那些老华侨在死后多年最终还要被迁回故乡埋葬。正如费孝通所说,"一生取给于这块泥土,死了,骨肉还得回入这块泥土"。即使远渡重洋,多年不在故乡了,还要"叶落归根"。这就是乡土社会的一种精神特质的写照。

回到乡土社会,"历世不移的结果,人不但在熟人中长大,且在熟悉的地方上生长大。熟悉的地方可以包括极长时间的人和土的混合"。这样的社会生活,一代一代先人们的生活,累积了很多这个地方人们应对生活的经验,因为在相对稳定不变的环境中,先人们的经验对子孙们特别有用:

> 时间的悠久是从谱系上说的,从每个人可能得到的经验说,却是同一方式的反复重演。同一戏台上演着同一的戏,这个班子里演员所需要记得的,也只有一套戏文。

因为这种同一性,"他们个别的经验,就等于世代的经验。经验无须不断累积,只需老是保存"。

费孝通接着用自己小时候老师让写日记来描绘这种同一的生活。他上小学时,老师逼着写日记,但是每天生活太雷同了,就是"晨起,上课,游戏,睡觉",没有可记的,就写"同上"两个字。老师下令不准"同上",于是"小学生们只有扯谎了"。当然这只是一个比喻,而这个比喻本身与乡土生活确实很类似。可是,每天上学虽然都是上课、游戏等常规活动,但小朋友在一起总有不同的故事发生;学习内容的不同,引发的兴味也不同。在乡土社会里,虽然大概的日常生活都是雷同的,婚丧嫁娶基本上一个模式,但是不同的事情和不同的人毕竟还不一样,千人千面,同一戏文,每个人的解读和表演也还是不一样。一千个人眼里有一千个不同的哈姆雷特。

因此,我们这里不妨在注重乡土社会中不变和稳定的同时,也要注意一点他们的"躁动",大概因为这种"躁动",才有了走出乡土的动力。

当然,要与现代都市比较的话,乡土社会确实是"静态稳定的"。西方的城市里不断出现的时尚就是乡土社会里不可能出现的。

乡土社会是"理念型"的静态

想要全面反映乡土社会确实不是很容易,把时间和空间串在一起,就更难,所以,抽象出"理念型"的特征就比较方便分析和认识。功能论派大概也有这个倾向,用功能和作用把现有结构合理化,同时也静止化。费孝通笔下的乡下人:

> 在定型生活中长大的有着深入生理基础的习惯帮着我们"日出而起,日入而息"的工作节奏。记忆都是多余的。"不知老之将至"就是描写"忘时"的生活。秦亡

> 汉兴,没有关系。乡土社会中不怕忘,而且忘得舒服。只有在轶出于生活常规的事,当我怕忘记时,放在指头上打一个结。

这种"世外桃源"般的乡土社会实在是过于理想化了。

帝国统治者需要赋税和劳役,秦亡汉兴这样的大变动,必然有朝廷对赋税劳役的新变革,乡土社会的人们怎么能那样舒服地"忘时"呢?

乡土社会在需要文字上,确实不是那么迫切。指头上的结也是原始方式的文字,人们利用联想,帮助记忆,不过这也是没有文字使用能力的无奈之举。"好记性不如烂笔头",这是我的初三英语老师也是班主任告诫学生记笔记时说的话。从语言到文字,是文明的一大进步。都市的诞生,也正是文明真正的纪元。

> 在都市中生活,一天到晚接触着陌生面孔的人才需要在袋里藏着本姓名录、通信簿。在乡土社会中黏着相片的身份证,是毫无意义的。在一个村子里可以有一打以上的"王大哥",绝不会因之认错了人。

这一观察很能凸显出都市生活与乡土生活的差异。我的印象中,乡下人是20世纪80年代中期开始有身份证的,大家似乎没有什么不同的感觉,因为都在家,用不着身份证。后来,人们升学、参军需要用身份证了,这是进入体制的程序,有了身份证说明进入现代社会的管理系统了。如今年轻人外出打工,身份证都很重要了,不然都无法住宿和乘车;老年人领社保费、医疗费,也要凭身份证,这些都是传统乡村里没有的现象。因为人口流动,因为人们活动范围的扩大和国家政权深入到了乡村,所以,传统的静态乡土社会已经没有了。

理念型的乡土社会,"在一个每代的生活等于开映同一影片的社会中,历史也是多余的,有的只是'传奇'"。所以,"都市社会里有新闻;在乡土社会,'新闻'是稀奇古怪、荒诞不经的意思。在都市社会里有名人,乡土社会里是'人怕出名,猪怕壮'。不为人先,不为人后,做人就得循规蹈矩"。结论是"这种社会用不上常态曲线(笔者注:常态曲线即统计学上的正态分布曲线),而是一个模子里印出来的一套"。

对于前者,乡土社会没有新闻,确实是这样;但是"乡土社会没有'名人',都不先不后,一个模子"的说法则有失偏颇了。其实,后面说的长老权力,谁是长老?不一定年龄大了就是长老,这里边同样有村庄里的"政治",那些有头面的"光面人",就是乡村里的"名人"。费先生研究的绅士,在乡村里就是"名人"。乡土社会里的人也是要争着出人头地的,只看条件了,一旦具备了条件,就会冒出来,向"乡土社会的名人"位子迈进。实际上,乡村里调解事务的人,就是这些"光面人"(有的叫头人),他们有面子,面子背后是实力。

在"理念型"的乡土社会里:

语言是足够传递世代间的经验了。当一个人碰着生活上的问题时，他必然能在一个比他年长的人那里问得到解决这问题的有效办法，因为大家在同一环境里，走同一道路，他先走，你后走；后走的所踏的是先走的人的脚印，口口相传，不会有遗漏。哪里用得着文字？时间里没有阻隔，拉得十分紧，全部文化可以在亲子之间传授无缺。

这确实是乡土社会里的明显特征，女子从小跟母亲学习女孩儿做的针线活，出嫁前要一再被教导如何伺候公婆、如何与妯娌小姑子相处；男孩子跟着父亲学习种地，或者家传的木匠瓦匠的技能，也可以跟其他亲友熟人拜师学艺。他们用不着文字，用不着一本"电脑操作指南"类的大书。

　　可是现代文明冲击下的乡土社会里，这个特征基本上不存在了。我小时候，村里有个与我同龄的男孩，十多岁就可以在地里赶着牛犁地、种地了，还有着子承父业、父子相传的传统。现在别说赶牛犁地了，很多孩子都见不到牛了。我小时候生活的村庄，几乎家家养牛，因为要种地耕地，有的还养好几头，成为远近闻名的富户。如今村里一头牛也没有了，耕地全用了"铁牛"（拖拉机），传统耕作方式几乎全变成现代机械化了。

乡土社会没有文字的需求？

费孝通认为在这种乡土社会里没有文字的需求。他说：

> 我的回答是中国社会从基层上看去是乡土性的，中国的文字并不是在基层上发生。最早的文字就是庙堂性的，一直到目前还不是我们乡下人的东西。

文字诞生于庙堂，起源于有权力的统治者，这是对的。比如中国文字是商代围绕着商王的"贞人集团"发明的，贞人是兼具政治和宗教权力的人，据说周文王就是商王的一个贞人。文字起源于庙堂，不是因为非庙堂之地不需要，而是没有这个发明的能力，或者学习文字的条件。不过，因为文字的庙堂性，费孝通得出的结论是，乡下没有文字，不是乡下人"愚昧"，而是不需要：

> 不论在空间和时间的格局上，这种乡土社会，在面对面的亲密接触中，在反复地在同一生活定型中生活的人们，并不是愚到字都不认得，而是没有用字来帮助他们在社会中生活的需要。

这里把对文字的"不需要"作为乡下人不是"愚"的理由，

其实是很牵强的。因为事实并不是不需要。

那么，关于乡村工作者们的文字下乡问题，该怎么办呢？他说："如果中国社会乡土性的基层发生了变化，也只有发生了变化之后，文字才能下乡。"其实，这里有个逻辑问题，就是基层变化和文字下乡，哪个是因，哪个是果，还是互为因果。当然，以费孝通写作的时代看，乡土社会已经在革命和社会运动大潮挟裹下，许多地方有了变化。虽然本质性的乡土特征一时还不会褪色，但是文字下了乡，也会成为引起乡村结构变化的外来因素。事实上，文字下乡，确实很大地改变了乡村的社会结构和人们的心理状态。人有烦恼识字始，可见"识字"会有识字本身的作用的。

文字下乡后，乡村精英的流失

真正的文字下乡是在新中国成立之后，但进入正轨是在以全面恢复高考为标志的整套教育系统正常运转及改革开放之后才开始的。这些读了书识了字的乡下人，在改革开放的时代，在城市化的潮流中，他们开始背井离乡走向城市，一部分人是考学，比如以高考为主，上了大学进了城；一小部分人是入伍当兵，转业后进了城，要走这两条路中的任何一条都是不能不读书的。还有一个是大部分乡村人选择的路——进城打工，走这条路子，没有文化和技术通常也是很困难的，即使干的是最不需要识字的工作，在城里生活也不方便。

对于乡村人（甚至某些城市人）来说，"读书无用论"时有发生。这个"无用"已经不同于费孝通说的"不需要"，这个"无用"是读了书，识了字，甚至上了大学，毕了业也找不到工作，或者找不到满意的工作，不如不读。

但是，在目前普及了义务教育的情况下，乡村孩子都可以念书了。成绩不错的孩子，一般家长都会支持到底的。这样，如同民国时期考出来的乡下人子弟不愿意回乡下谋生一样，他们也不愿意回到乡下。在如今自由流动的时代，他们宁愿"北漂"，"漂"在城里，也不愿回乡下，甚至连小城也不愿意回了。传统意义上有了功名或者当了官后，还会回到家乡当绅士的人已经不见了。不管是考学出来的青年，还是以打工方式出来的农民工，在城里有了立足之地，再也不愿意回乡下居住了。在这样的乡村社会里，已经不会再有既可与"官府"打交道，又是乡村人拥戴的有社会声望的"绅士"这样的人了。

费孝通曾研究过民国时期这种"乡土的损蚀"现象，而当下急剧的城市化背景下，乡村更是一片文化和人才的荒地。文字下乡原是帮助乡村人生活得更好的，但是文字下乡，本来就是工业化和城市化的现代性社会的产物，一开始似乎就注定了，文字下乡的后果是让乡村走向终结，城市文化成为进了城的乡村人要学习的"新文化"。

城市化的浪潮在奔涌，根据国家"十二五"规划纲要，到2015年，中国城镇化率将由2011年的47.5%提高到51.5%。但这个过程不是一闪即过的，乡村里走不了的，或者暂时走不了的，比如不少老人和一些妇女、儿童，他们在这个乡村里生活，原来的社会结构和道德文化没有了，新的还没有形成，这些人无疑成了乡土"损蚀"最大的受害者，典型的弱势群体。比如，陈柏峰考察了一些乡村后写了《乡村江湖》[1]一书，在乡土社会里，黑社会化，人们的安全和利益都受到威胁，甚至有所损失。

且不说急剧城市化本身的问题，以及农民工在城里的生存状况，就乡村本身而言，在文字真正下乡后，并未变得更令人向往，而是让人逃离。这实在不能说是"文字"的错，而是这个时代，整个社会变化了，文字只是其中一个并不显著的因素而已。

总之，就乡土社会文化传承而言，乡土社会原来稳定的结构，似乎无须文字，乡土社会文化都在自我复制，一代一代传承着。可是，在文字下乡后，乡土社会文化却在消逝。当然，深层的心理结构和文化习惯已经在中国人的血液里了，乡村人进了城，也还是免不了根子上的"乡土本色"。不信，瞧瞧各地城市的老乡会，中国社会的乡土性是带到了城市的，也可以说是城乡融为一体的。每个人的交往圈子，以自我为中心的人际交往关系圈，是"差序格局"的模式，人们并没有因为是城市人了而换了另一套交往方式。

---

[1] 陈柏峰著：《乡村江湖：两湖平原"混混"研究》，北京：中国政法大学出版社2011年版。

四　差序格局：双线运作

一个独特的社会学概念：差序格局

在中国社会学界，几乎无人不知道"差序格局"这个术语，然而，该术语却难以在英文中找到一个合适的对应词语。1977年美国Praeger出版社出版的 *Changing China: Reading in the History of China from the Opium War to the Present* 一书里有《乡土中国》第四章的译文，就直接用拼音cha xu ge ju，未做翻译。1992年伯克利加州大学出版社译本用了"differential mode of association"来翻译[1]，还是勉为其难，难以贴切地传达中文"差序格局"的意思。大概也因此，在美国社会学理论结构里，没有这个概念的位置。

不过，"差序格局"确实比较好地概括了乡土社会里人与人之间社会关系的本质特征。也许是由于欧美社会的这种特

---

[1] Xiaotong Fei, *From the Soil: The Foundations of Chinese Society*, Trans. Gary Hamilton and Wang Zheng, Berkeley, CA: University of California Press, 1992.

征不怎么明显,从而得不到人们理论上的重视。但是在研究中国社会关系,甚至东南亚华人圈里的社会关系的时候,这个概念却非常有帮助。包括商业界人士在内的人们了解中国文化时都避不开这个概念,只有了解了中国文化中人与人关系的核心特征,才好一起做伙伴、谈生意。当然,"关系"这个词在英文里就有了专有名词,用的是拼音"guan xi",而不是用一个具体的英文词汇,比如"relation""tie",或者"connection"来表达,因为这些词都不能够很好地表达中文里"关系"的丰富内涵。

"差序格局"应该算是费孝通最富有创造性的一个概念,可以说是早期"社会学中国学派"的核心概念。这个概念也可以帮助西方欧美社会的人们认识自己的社会组织。在《乡土中国》的英文译者看来,费孝通通过西方社会来反观中国社会,使其得到理解和解释;西方人则可以通过费孝通描述的中国社会反过来了解自己的社会。

中国社会学专业的学生,多数人考试时都曾遇到过这个词的名词解释。读过《乡土中国》的读者大概也都会记住这个"我们的格局……好像把一块石头丢在水面上所发生的一圈圈推出去的波纹"的比喻,这就是"差序格局"概括出的中国人之间以自己为中心的远近厚薄关系。

当然这个概念也属于"理想类型",为了分析的方便,费孝通把西方社会的社会关系组织方式称为"团体格局",如同"一捆一捆扎清楚的柴",大家具有平等的权利和义务。实际上，西方社会同样也有以自己为中心的远近厚薄关系网。只不过因为走出了乡土之后的社会团体，其关系更多地建立在契约之上。而且基督教的"上帝面前人人平等""人人都是上帝的子女"这一主流文化背景，也弱化了这种中国式"伦理圈"规定的亲疏远近关系。

总之，"差序格局"这个社会学概念是一个很有生命力的概念，可以帮助人们认识和分析社会的发展状况。明白了这一概念所指涉的社会事实，才能更好地制定和实施社会政策、增进社会福利。

说最大的毛病："私"

"差序格局"这个概念的提出，其目的首先在于分析，为什么"在乡村工作者看来，中国乡下佬最大的毛病是'私'"这个问题。费孝通在《差序格局》一开头就指出了这个现象，然后说：

> 说起私，我们就会想到"各人自扫门前雪，莫管他人瓦上霜"的俗语。谁也不敢否认这俗语多少是中国人的信条。

既然是中国人的信条，也就不仅说的是乡下人了，"就是所谓城里人,何尝不是如此"。所以,"差序格局"这个概念不是专门为中国乡下人设定的概念,而是对中国社会中人与人关系的概括,包括城里人。

接着,为了论证城里人也一样患了"私"的大毛病,费孝通举了苏州家乡的例子:

> 扫清自己门前雪的还算是了不起的有公德的人,普通人家把垃圾在门口的街道上一倒,就完事了。苏州人家后门常通一条河,听来是最美丽也没有了,文人笔墨里是中国的威尼斯,可是我想天下没有比苏州城里的水道更脏的了。什么东西都可以向这种出路本来不太畅通的小河沟里一倒,有不少人家根本就不必有厕所。明知人家在这河里洗衣洗菜,毫不觉得有什么需要自制的地方。为什么呢?——这种小河是公家的。

我觉得这段话写出的事实没有几个人会陌生,即使是现在,这种现象似乎没有多少改观。这样把"私"与"公"联系了起来,"私"本身就是针对"公"而言的。

"一说是公家的,差不多就是说大家可以占一点便宜的意思,有权利而没有义务了。"这话说得太到位了。我还朦胧地记得,20世纪80年代还有生产队里公有的东西,不断地分到私人家庭。当这些东西还属于公家的时候,不少人都是想尽办法据为己有,别的人还不好说,一管他,他会说:"又没有拿你家的东西,你管得着吗?"大家都有,就是大家都没有。公共的,按说人人有份,但是这一份是哪一份?说不清。到为公家做贡献的时候,则是拈轻怕重,逃避义务。费孝通观察到:

> 小到两三家合住的院子,公共的走廊上照例是尘灰堆积,满院生了荒草,谁也不想去拔拔清楚,更难以插足的自然是厕所。没有一家愿意去管"闲事",谁看不惯,谁就得白服侍人,半声谢意都得不到。于是像格兰亨姆的公律(通常译为"格雷沙姆定律"。——笔者注),坏钱驱逐好钱一般,公德心就在这里被自私心驱走。

这是说的"劣币驱逐良币"现象。做了为公的好事,有时候不仅得不到谢意,还很可能被讥讽为"傻子"。但愿这样的"傻子"多点,少点所谓的"聪明人"。

所以,费孝通由此推论说,"私的毛病在中国实在比愚和病更普遍得多了,从上到下似乎没有不害这毛病的"。接着就说到外国舆论攻击中国官僚政府的"贪污无能":

> 所谓贪污无能,并不是每个人绝对的能力问题,而是相对的,是从个人对公家的服务和责任上说的。中国人并不是不善经营,只要看南洋那些华侨在商业上的成就,西洋人谁不侧目?中国人更不是无能,对于自家的事,抓起钱来,拍起马(屁)来,比哪一个国家的人能力都大。

到这里，终于弄清所谓的"私"是怎么回事。"因之这里所谓'私'的问题却是个群己、人我的界线怎样划法的问题。"

在费孝通看来，要解答这个问题，"得把整个社会结构的格局提出来考虑一下了"。

团体格局与差序格局

在《乡土中国》里讲中国社会结构的"差序格局"，对照对象是西方社会的"团体格局"，这是费孝通的观察总结。从西方人翻译时找不到对应词汇，我们可以看出欧美人并没有意识到自己的社会组织结构是"团体格局"的。

我们来看这两种格局具体是什么样子。费孝通善于用比喻来讲述理论概念，让普罗大众也能很容易明白，这是他少有人可及的强项。西洋社会人们的组织方式类似于一捆一捆的柴，他说：

> 西洋的社会有些像我们在田里捆柴，几根稻草束成一把，几把束成一扎，几扎束成一捆，几捆束成一挑。每一根柴在整个挑里都属于一定的捆、扎、把。每一根柴也可以找到同把、同扎、同捆的柴，分扎得清楚不会乱的。在社会，这些单位就是团体。

费孝通这样比喻想说明：

四 差序格局：双线运作 117

> 他们常常由若干人组成一个个的团体。团体是有一定界限的，谁是团体里的人，谁是团体外的人，不能模糊，一定分得清楚。

按照这个来看，中国的单位其实同样也是团体。接着他说："在团体里的人是一伙，对于团体的关系是相同的，如果同一团体中有组别或等级的分别，那也是先规定的。"这同样也适用于中国的单位组织。

比喻总不是完美一致的，随之费孝通指出用柴捆比喻团体的不妥之处：

> 有一点不太合，就是一个人可以参加好几个团体，而好几扎柴里都有某一根柴当然是不可能的，这是人和柴不同的地方。我用这譬喻是在想具体一些使我们看到社会生活中人和人的关系的一种格局。我们不妨称之作团体格局。

接着费孝通开始说家庭，这当然是社会中最基本的单位了。对于乡土社会而言，家庭是最常见的"单位"或者"团体"，不像现代城市社会，把工作单位、教育场所、娱乐场所等都和家庭分离开来。所以，费孝通没有去谈公司企业、政府单位，而是直接谈家庭，与（乡土社会的）中国好做对比。

家庭在西洋是一种界限分明的团体。如果有一位朋友写信给你说他将要"带了他的家庭"一起来看你,他很知道要和他一同来的是哪几个人。在中国,这句话是含糊得很。在英美,家庭包括他和他的妻以及未成年的孩子。如果他只和他太太一起来,就不会用"家庭"。在我们中国"阖第光临"虽则常见,但是很少人能说得出这个"第"字究竟应当包括些什么人。

这是在"家"的概念上,中西的不同。在费孝通的年代,传统的大家庭观念势力还很强大。但是改革开放后,随着经济搞活,分家已经逐渐突破传统观念,现代的家庭更符合西洋意义上的"家"了。

在传统中国社会里,"家"确实如费孝通所观察,"最能伸缩自如了":

"家里的"可以指自己的太太一个人,"家门"可以指伯叔侄子一大批,"自家人"可以包罗任何要拉入自己的圈子,表示亲热的人物。自家人的范围是因时因地可伸缩的,大到数不清,真是天下可成一家。

这是因为中国的社会关系结构:

好像把一块石头丢在水面上所发生的一圈圈推出去

的波纹。每个人都是他社会影响所推出去的圈子的中心。被圈子的波纹所推及的就发生联系。每个人在某一时间某一地点所动用的圈子是不一定相同的。

这就是"差序格局",家与亲属关系紧密相连。所以费孝通说:

> 我们社会中最重要的亲属关系就是这种丢石头形成同心圆波纹的性质。亲属关系是根据生育和婚姻事实所发生的社会关系。从生育和婚姻所结成的网络,可以一直推出去包括无穷的人,过去的、现在的和未来的人物。我们俗语里有"一表三千里",就是这个意思,其实三千里者也不过指其广袤的意思而已。这个网络像个蜘蛛的网,有一个中心,就是自己。

其实,这个"一表三千里"的众多的人已经是与无关系的人一样了,这是人们都了解的。传统上同宗同族出了五服,来往基本都少了。

作为中心的"己"

虽然人们都是以这样一种亲属网络关系与他人联系起来

的,但是因为以"己"为中心,所以每个人的网络都是不同的。亲属体系是抽象的,每个人都一样,但具体情况又是不相同的:

> 认取具体的亲亲戚戚时,各人所认的就不同了。我们在亲属体系里都有父母,可是我的父母却不是你的父母。再进一步说,天下没有两个人所认取的亲属可以完全相同的。兄弟两人固然有相同的父母了,但是各人有各人的妻子儿女。因之,以亲属关系所联系成的社会关系的网络来说,是个别的。每一个网络有个"己"作为中心,各个网络的中心都不同。

这种亲属关系的"差序格局"中西方都这样,都有以自我为中心的圈子。不同的是不同社会文化下行为方式和观念不同,比如,同是夫妻,中国要男尊女卑,不平等,财产混杂,不分彼此;美国有共享部分,但通常彼此分得清,写张支票,谁的归到谁的名下,甚至有的下馆子吃饭都AA制,让中国人觉得不可思议。看那些与西洋人结婚的华人,一般也遵从了他们的西洋模式。不过,要完全摒弃掉这种亲属圈子关系网络在社会上"近水楼台先得月",也不可能。在这个意义上,西方也有"差序格局",只是程度不同罢了。

在传统乡土社会里,亲属关系往往与地缘关系又是重叠的,正是这种重叠交叉,真正构成了"差序格局"社会结构的形成条件。因为乡土社会是聚族而居，通常都是一个大家族在一起形成的村庄，亲戚也在方圆十几里地之内，娶媳妇、嫁姑娘都不愿意离自己家太远。这样的地缘关系才能够让亲属之间形成互相帮助、互相照应的远近亲疏关系。"远亲不如近邻"的俗话就说明，如果没有地缘条件，即使亲属关系形成关系网络的社会结构，他们也不容易相互交往。

接着亲属关系的"差序格局"，费孝通举出了当时国民党政府在乡村实行保甲制度的例子。保甲制度本身是"团体格局性的"，这和传统的结构是格格不入的：

> 在传统结构中，每一家以自己的地位作中心，周围划出一个圈子，这个圈子是"街坊"。有喜事要请酒，生了孩子要送红蛋，有丧事要来助殓、抬棺材，是生活上的互助机构。可是这不是一个固定的团体，而是一个范围。范围的大小也要依着中心的势力厚薄而定。有势力的人家的街坊可以遍及全村，穷苦人家的街坊只是比邻的两三家。

为了形象说明这个现象，费孝通列举了文学作品《红楼梦》里的例子：

> 这和我们的亲属圈子一般的。像贾家的大观园里，可以住着姑表林黛玉、姨表薛宝钗，后来更多了，什么宝琴、岫云，凡是拉得上亲戚的，都包容得下。可是势

力一变,树倒猢狲散,缩成一小团。到极端时,可以像苏秦潦倒归来,"妻不以为夫,嫂不以为叔"。中国传统结构中的差序格局具有这种伸缩能力。

事实上,这种势利眼在西方社会难道就不存在? 不是。但在乡土社会里,因为利益是随着亲疏厚薄关系网分布的,所以更为明显。另外,像美国这种移民社会,流动性大,很难形成乡土中国所谓的"百世邻居"。这样,在乡土中国的乡下,因为世代一起,复杂的社会关系网络才会更加凸显出所谓的世态炎凉:

> 在乡下,家庭可以很小,而一到有钱的地主和官僚阶层,可以大到像个小国。中国人也特别对世态炎凉有感触,正因为这富于伸缩的社会圈子会因中心势力的变化而大小。

与之相比较而言,西洋社会是不同的:

> 在孩子成年了住在家里都得给父母膳宿费的西洋社会里,大家承认团体的界限。在团体里的有一定的资格。资格取消了就得走出这个团体。在他们不是人情冷热的问题,而是权利问题。在西洋社会里争的是权利,而在我们却是攀关系、讲交情。

在某种程度上,西洋社会与中国的乡土社会有所不同,但事实绝对不是如此界限分明。我教课时跟学生聊天了解过这些。另外,看看美国现在大学毕业后没有工作的啃老族,有这么权利、义务界限分明吗?费孝通说的,是为了对照、分析的方便,不免过于突出了这个特征。西洋社会的攀关系、讲交情也很厉害,这是难以完全避免的。老大哥(Big brother)是很重要的。在讲到社会学里的社会资本时,他们也有这种"关系网"。对作为社会资本的社会关系网在生活和事业中的作用感兴趣的读者,不妨读读社会学家林南老师的《社会资本:关于社会结构与行动的理论》[1]一书。以这里说的社会关系网在诸种社会都很重要来看,我总觉得,有时候过于倾向于某种观点或者事实,会给读者一种错觉,西洋社会在他们眼里成了"理想型世界",实际上这只存在于理念中,不是现实。

儒家的"人伦"与"差序格局"

费孝通接着从中国儒家传统来历史地解释"差序格局"社会结构在中国乡土社会的形成,或者说在中国社会的形成。有人对此曾质疑,乡土社会里的文盲们是否真的就那么遵守

---

[1] Nan Lin, *Social Capital: A Theory of Social Structure and Action,* Cambridge: Cambridge University Press, 2001.(中文版上海人民出版社2005年版)

孔老夫子的"儒家"伦理，比如英文版《乡土中国》（加州大学出版社，1992年）的书评作者罗纳德·罗贝尔（Ronald R. Robel）就对此有质疑[1]。

不过，儒家经典在中国经过董仲舒的"独尊儒术"和宋代新儒家整理的"四书五经"在民间的流布，大概对乡村社会的"教化"是有效果的。我老家豫东乡村，如果说某地人们没有伦理规矩，就说是孔子没有游到这个地方。我家附近的芒山，不仅有汉高祖斩蛇纪念碑，还有孔夫子避雨处。据说孔子周游列国在芒山遇到大雨，在这里避雨，可见孔夫子对这里人们的影响。

我们假定儒家的人伦概念确实对"差序格局"产生了影响，那么费孝通是怎么说的呢：

> 以"己"为中心，像石子一般投入水中，和别人所联系成的社会关系，不像团体中的分子一般大家立在一个平面上的，而是像水的波纹一般，一圈圈推出去，愈推愈远，也愈推愈薄。在这里我们遇到了中国社会结构的基本特性了，我们儒家最考究的是人伦，伦是什么呢？我的解释就是从自己推出去的和自己发生社会关系的那一群人里所发生的一轮轮波纹的差序。

---

[1] 该书评发表在 *Comparative Civilizations Review*, Vol.35, 1997, pp.106–110。

这样把"人伦"的概念和"差序格局"联系在一起了。

费孝通引用老师潘光旦对"伦"的研究来说明这种"差序格局"关系:"'释名'于沦字下也说'伦也,水文相次有伦理也'。潘光旦先生曾说,凡是有'仑'作公分母的意义都相通,'共同表示的是条理、类别、秩序的一番意思'。"伦有这样几个重要特点:

> 伦重在分别,在《礼记·祭统》里所讲的十伦,鬼神、君臣、父子、贵贱、亲疏、爵赏、夫妇、政事、长幼、上下都是指差等。"不失其伦"是在别父子、远近、亲疏。

> 伦是有差等的次序。在我们现在读来,鬼神、君臣、父子、夫妇等具体的社会关系,怎能和贵贱、亲疏、远近、上下等抽象的相对地位相提并论?其实在我们传统的社会结构里最基本的概念,这个人和人往来所构成的网络中的纲纪,就是一个差序,也就是伦。

除了这两点,还有伦是结构,不能变的;变的只是这个结构下所做的事:

> 《礼记·大传》里说:"亲亲也、尊尊也、长长也、男女有别,此其不可得与民变革者也。"意思是这个社会结构的架格是不能变的,变的只是利用这架格所做的事。

孔子的儒学在重视人伦的情况下，自然会很在意一圈圈波纹环绕的中心，也就是"己"了。费孝通说：

> 孔子最注重的就是水纹波浪向外扩张的推字。他先承认一个己，推己及人的己，对于这己，得加以克服于礼，克己就是修身。顺着这同心圆的伦常，就可向外推了。"本立而道生。""其为人也孝弟，而好犯上者鲜矣，不好犯上而好作乱者，未之有也。"从己到家，由家到国，由国到天下，是一条通路。

这就是"四书"之一的《大学》里修身齐家治国平天下的逻辑。所以，《中庸》里把五伦作为天下之达道。因为在这种社会结构里，从己到天下是一圈一圈推出去的，所以孟子说他'善推而已矣'"。

以"己"为中心的差序格局里，没有个人主义

从西方的个人主义概念看以"己"为中心的"差序格局"社会结构，好像是"个人主义"的。其实不是的。我们看费孝通是如何分析的：

> 在这种富于伸缩性的网络里，随时随地是有一个

"己"作中心的。这并不是个人主义,而是自我主义。

为什么说是自我主义呢?费孝通接着分析:

> 个人是对团体而说的,是分子对全体。在个人主义下,一方面是平等观念,指在同一团体中各分子的地位相等,个人不能侵犯大家的权利;一方面是宪法观念,指团体不能抹杀个人,只能在个人所愿意交出的一份权利上控制个人。这些观念必须先假定了团体的存在。在我们中国传统思想里是没有这一套的,因为我们所有的是自我主义,一切价值是以"己"作为中心的主义。

因此,没有团体存在和宪法观念,就不会有西方的"个人主义"的出现。这个总结应该说是很到位的。不过到现在,距离费孝通此书出版近70年了,许多国人还以中国原来的传统来理解所谓西方的个人主义概念,也就是费孝通这里指出的以"己"为中心的"自我主义",凡事以"自我"为中心。

原来,不仅仅是"拔一毛而利天下而不为"的杨朱学派是自我主义,儒家也是自我主义的。其不同处只是"杨朱忽略了自我主义的相对性和伸缩性……孔子是会推己及人的,可是尽管放之于四海,中心还是在自己"。

费孝通接着进一步从文化资源上比较,对比了孔子的"北斗星"和耶稣的"天国"。孔子说:"为政以德,譬如北辰，居是所，而众星拱之。"费孝通认为这是一个很好的"差序格局的譬喻"，"自己总是中心，像四季不移的北斗星，所有其他的人，随着他转动"。那么，耶稣如何呢？耶稣有他的"天国"，是超于个人的团体，那里人人平等，都是兄弟姊妹，他可以牺牲自己去成全天国，而孔子不是。孔子做不到耶稣那样"普爱天下，甚至而爱他的仇敌，还要为杀死他的人求上帝的饶赦"，耶稣这些都不是从自我中心出发的。

其实，孟子提出了"义"的概念，是生是死，唯"义"所在来决定，这是"士"的精神。这似乎可以普世适用，不是推己及人的。但是，义的标准似乎仍然脱离不了"推己及人"的自我中心主义。当然这一点，费孝通没有提及。总之，孔孟的儒家是出不来耶稣的团体主义的"平等观念"的。

回到回答"私"的问题

在说明白了这个"能放能收、能伸能缩的社会范围"构成的"差序格局"概念后，费孝通回头再来回答《差序格局》一开头那些乡村工作者说乡下人"私"的毛病的问题，也是中国社会上下共有的问题。在这个背景下，费孝通引述的一句话，概括了中国人所谓的"公"与"私"的真相实质，读来令人拍案称赞：

我常常觉得:"中国传统社会里一个人为了自己可以牺牲家,为了家可以牺牲党,为了党可以牺牲国,为了国可以牺牲天下。"这和《大学》的"古之欲明明德于天下者,先治其国,欲治其国者,先齐其家,欲齐其家者,先修其身……身修而后家齐,家齐而后国治,国治而后天下平"在条理上是相通的,不同的只是内向和外向的路线,正面和反面的说法,这是种差序的推浪形式,把群己的界限弄成了相对性,也可以说是模棱两可了。

这个观察极具概括性。当然,事实并非如此极端,我们也可以看到不少人,为了家庭,个人做出了牺牲。这样描述大概主要是为了和西方的"把权利和义务分得清清楚楚的社会"对比,突出这种特性罢了。

如果我们看看,现在乡村里那些打工挣了钱的人,在村里盖起小洋楼来,同时挤占村子里的公路;为了自己一家的排水,把村里的路挖得沟沟坎坎、疙疙瘩瘩,我们就更能明白费孝通总结的这种为家牺牲村的"差序格局"了。

对于一个家庭来说,这样做是"公"的,但对于整个村来说,这家人真"自私"。费孝通说:

为自己可以牺牲家,为家可以牺牲族……这是一个事实上的公式。在这种公式里,你如果说他私么?他是不能承认的,因为当他牺牲族时,他可以为了家,家在他看来是公的。当他牺牲国家为他小团体谋利益、争权利时，他也是为公，为了小团体的公。在差序格局里，公和私是相对而言的，站在任何一圈里，向内看也可以说是公的。

这个看法其实已经不囿于中国传统社会的范围了，大概适用于人类有群体组织的一切社会。所以，费孝通列举了西洋外交家的行为作为例子：

> 其实当西洋的外交家在国际会议里为了自己国家争利益，不惜牺牲世界和平和别国合法利益时，也是这样的，所不同的，他们把国家看成了一个超过一切小组织的团体，为这个团体，上下双方都可以牺牲，但不能牺牲它来成全别种团体。这是现代国家的观念，乡土社会中是没有的。

其实，这种国家，也是理想中的国家，即便如美国这样一个现代国家，比如民主和共和两党，为了党派利益，不也常常牺牲国家利益吗？所以，费孝通的概念是分析性的理念型概念，只不过通过这种概念把谱系上偏向的一端的特点给明显地突出了。

对照而言，从国家这个团体出发，乡土中国和西方现代国家显著不同的就是在"国家"这个团体层面上，西洋国家作为团体，"是一个明显的也是唯一特出的群己界线，在国家里做人民的无所逃于这团体之外（没有考虑移民他国者。——笔者注），像一根柴捆在一束里，他们不能不把国家弄成个为每个分子谋利益的机构，于是他们有革命、有宪法、有法律、有国会，等等"。当然，这些机构也无法保证，国家为每个分子谋福利。利益集团问题在美国也很严重。

我们儒家的"天下"传统里，群的界限是模糊不清的：

> 国是皇帝之家，界线从来就是不清不楚的，不过是从自己这个中心里推出去的社会势力里的一圈而已。所以可以着手的，具体的只有己，克己就成了社会生活中最重要的德行，他们不会去克群，使群不致侵略个人的权利。在这种差序格局中，不发生这问题的。

这也可以解释为什么西方社会，总是要把"权力的老虎放到笼子里去"，总是敏感地限制政府侵犯个人权利。这个观察着实深刻。

在《乡土中国》此章结束时，如同说书人，留下一个承上启下的悬念，费孝通提出，社会关系在这种差序格局里是如何发生的，这就是"社会道德"在私人联系中的意义。至今还有"以德治国"的观念存在着，这是后面要讲的内容。

孔子与耶稣:谁可做仆人

　　费孝通通过比较耶稣和孔子来解释中西社会结构的差别,为进一步深化对比,这里简单补充一些费孝通没有涉及的内容。孔子与耶稣的相同之处:(1)两者都有高贵的祖先,耶稣是大卫王的子孙,孔子是宋国贵族后裔;(2)两者身份,孔子是野合(野合是指不合乎当时礼仪的婚配)而生,耶稣是童女所生,都比较特殊;(3)二人都是出生时家境地位很低微;(4)两人都拥有弟子,是布道的老师;(5)两人都为了传道而奔走流离。

　　这些都是表面的,更重要的,孔子被后人奉为"素王",耶稣也是"王",万王之王。可是耶稣还有个身份,是神的仆人,可以给很卑贱的人服务,可以给弟子洗脚,服侍人。比如《约翰福音》第十三章这样写道:

> 　　耶稣洗完了他们的脚,就穿上衣服,又坐下,对他们说:"……我是你们的主,你们的夫子,尚且洗你们的脚,你们也当彼此洗脚。我给你们做了榜样,叫你们照着我向你们所做的去做……"

　　孔子可没有这个。所以,信仰耶稣的人们,服侍人的仆人意识较强，而且这种服侍人是为了荣耀上帝。孔子的儒教培养出来的儒生，思想上都是要别人服侍自己，自己高高在上，一派"做大事"的架子。这个也可以说是中西社会在差序格局上差别这么大的一个原因。儒家自命不凡，耶稣教士面向他者服务意识强。所以，前者更容易是"自我主义者"，而后者则更可能牺牲自我，成全他人。

变迁中的差序格局

为实现社会秩序，我们有国法和民约，软硬都有。面对这些法规，虽说"法律面前人人平等"，戏剧里包公也唱出"王子犯法与民同罪"，但实际执行则如差序格局所显示的，是有伸缩范围的。我把这种法规和实践中的"区别对待"运作方式称为"双线运作"。这个概念是我做硕士论文时，通过考察基层村庄里计划生育政策的执行问题提出来的。

双线运作的实际情况是这样：

> 双线运作是乡土社会里法与实施法的环境脱节的事实造成的，虽然不合法但从执行实践效果的某些方面看又是合情合理的。这就成了非正式运作路线。……利用社会关系网络（做的事有非法的也有合法的）与利用如上访之类的合法途径比较，走前一条路更好。纸上的条

文有时候是最后裁决者，……双线运作中，多是非正式程序路线，它往往效率高、效果好。总之，这是个双线运作的社会：一条是明线，即是官方的、合法的、公开的，往往官僚化、多障碍、低效率，甚至根本就走不通；一条是暗线，即是民间的、非法的、私下的，往往效率极高。两条线在基层社会常常相互纠缠在一起。[1]

大概在差序格局的社会结构里，这种双线运作方式是"团体格局"的普遍性法规要求和"差序格局"的差别对待矛盾统一在一起的结果吧。

我常常想，差序格局的社会结构大概是从周朝时候的封建制演变下来的。封建制，在某种意义上是现代联邦制的雏形。但是不同的是，如果周天子乱了，下面的秩序就不容易维护，但在美国这样的联邦制里，即使联邦政府关了门（不久前就因为两党对预算达不成一致意见而关门一周），各州还正常运转。其实，不管是团体格局还是差序格局，都是对利益分配和资源组织的一种方式，也就是权利和义务的规范方式。方式可以有多种，究竟哪种更合适，也看具体社会环境。

比如，差序格局，按照费孝通的分析，与儒家的"自我

---

[1]《从陈村计划生育中的博弈看基层社会运作》是笔者在中国人民大学的硕士学位论文，删改版发表在《社会学研究》2004年第3期。

中心主义"有关的,可以说,很大程度上是儒家的"人伦"推波纹的结果。朱苏力曾经考察中国小农社会在这几千年中怎样能够成为一个大国,他认为儒家的"人伦"亲属关系制度把人们以家族的形式组织起来,国家也以大家族的方式组织起来。皇帝为君父,大臣为臣子。儒家的差序格局是中国几千年的农业社会维护社会稳定的重要力量,解决了农村这个社会的组织问题。朱苏力说费孝通"更像儒家,务实、注重制度的功用,他对儒家的解释全都是制度性的功用的解释,而不是上升哲学、美学、教育学、人类思想、人类大同这些东西,他是非常务实的"。陈柏峰对此的回应是,费孝通是新儒家,阐释古典,回应现实。

那么,自费孝通发表此文至今70来年,差序格局的社会结构有多大变化呢?在城市化水平很高的地方,差序格局的力量好像仍然很强。但是,以亲属关系为人伦核心的差序格局似乎在松弛下来,在涣散。首先,人口流动增大,大量人口——目前说大概有超过一半人口都是城市人了,城市是个陌生人的社会,陌生人社会解决问题,就很难推波纹了。其次,计划生育使家族和家庭的规模锐减,原来的亲属关系制度,在实践上很难发生作用了。再次,西方的自由独立思想的引入,包括基督教的"上帝面前人人平等"理念的扩散,也极大地消解着儒家的"人伦"观念。最后,法治社会理念的进一步推动和律师行业的扩展,也削弱了差序格局中有差别的对待。尽管如此,儒家这个差序格局的社会结构,要想迅速退出历史舞台,也不是那么容易的。这个思维方式,是根深蒂固的。我每次回国,都有一些亲友告诫我,回到中国就不要用美国社会的思维方式,还得用咱们中国社会的思维方式——这个思维方式背后大概就是"差序格局"的社会结构。

五　维系着私人的道德：追寻同等的"爱"

群体何以需要？

因为生存需要，人们结成了"群"，这是最基本的功能论解释。同理，动物界中的蜜蜂和蚂蚁是典型的分工合作的群体，也可以看作是生存之需。为了说明乡土社会的特征，接着前面对差序格局和团体格局的分析，费孝通比较了乡土社会的结构与游牧民族的不同，也是从"需要"着手分析的。比如，"部落形态在游牧经济中很显著的是'团体格局'的"，因为"生活相依赖的一群人不能单独地、零散地在山林里求生。在他们，'团体'是生活的前提"。

然而，在乡土社会里却是不同的：

> 每个人可以在土地上自食其力地生活，只在偶然的和临时的非常状态中才感觉到伙伴的需要。在他们，和别人发生关系是后起和次要的，而且他们在不同的场合下需要着不同程度的结合，并不显著地需要一个经常的

和广被的团体。

因此,乡土社会采用的是"差序格局","是一个'一根根私人联系所构成的网络'"。

其实,这里费孝通为了对比,把乡土社会中人的"群"的特征很大地弱化了。游牧民族固然是一个个群体,个人离不开群体生活;但是乡土社会中安居的人们也是以家族或者家庭的群体方式生存着的。即便是最简单的夫妻二人家庭,也是"男耕女织"的合作生活群体。很少发现一个人就可以自食其力,不需要他人帮助的,而且生活不仅仅是物质上的生存,还有心理和精神的需要,也只有"群"才可以满足这种需要。

群体的需要是很明显的了。但是社会学家的经典问题之一就是"社会何以可能?"也就是说,社会是如何能够产生并存在的?把社会看成"群"的存在方式,问题也就变成群何以可以维持存在。这其实就是费孝通在此章要讲的:维系着私人的道德。只是在团体格局的社会里,道德维系社会存在和延续的方式与在差序格局的社会结构中是不同的。

道德来自人还是神的观念:团体与差序的区别

社会结构的差别与道德观念的差别,到底谁是因,谁是果,还是个有很大争议的问题。不过,费孝通认为:"社会结构格局的差别引起了不同的道德观念。"他给道德观念下了如下定义：

> 道德观念是在社会里生活的人自觉应当遵守社会行为规范的信念。它包括行为规范、行为者的信念和社会的制裁。

其内容是"人和人关系的行为规范，是依着该社会的格局而决定的"。因而，"从社会观点说，道德是社会对个人行为的制裁力，使他们合于规定下的形式行事，用以维持该社会的生存和绵续"。

那么，不同的社会结构形成的道德差别是什么呢？根本性的差别就在于道德观念是人性的，还是神性的。人性的道德观念是以人为本，具体的人与人的关系是来自于伦理；而神性的道德观念则来自象征团体的笼罩性的神，人在神面前是平等的。在此章里，费孝通就对比了差序格局下有差别的道德观念和团体格局下基督教的神性观念。

当然，对于团体格局下基督教信仰的分析是为了对照差序格局下的道德观念的。所以费孝通先来分析团体格局下的道德观念是什么样的。

在团体格局下，"道德的基本观念建筑在团体和个人的关系上"，而不是个人与个人的关系上。"团体是个超于个人的'实在'，不是有形的东西。我们不能具体地拿出一个有形的东西来说这是团体。"

那么它是什么呢:

> 它是一束人和人的关系,是一个控制各个人行为的力量,是一种组成分子生活所依赖的对象,是先于任何个人而又不能脱离个人的共同意志……这种"实在"只能用有形的东西去象征它、表示它。

那么去象征它和表示它的是什么呢?就是"笼罩万有的神的观念"。"团体对个人的关系就象征在神对于信徒的关系中,是个有赏罚的裁判者,是个公正的维持者,是个全能的保护者。"

其实这种象征最符合基督教精神,也正是因为费孝通对照英美社会的团体格局,才这样总括出团体格局里有这样一位有赏罚的裁判者、公正的维持者和全能的保护者的神的观念。可以说佛家是无神论的,佛是觉悟者,自然没有一个"笼罩万有的神";而多神教观念里由于多神的存在也缺乏一个"笼罩万有的神"。

因此,费孝通说:

> 我们如果要了解西洋的"团体格局"社会中的道德体系,决不能离开他们的宗教观念的。宗教的虔诚和依赖不但是他们道德观念的来源,而且是支持行为规范的力量,是团体的象征。

比如，婆媳关系是古今中外最难处理的关系之一。我听基督教徒讲婆媳关系，其中就有即使媳妇很不喜欢婆婆，但是一样侍候婆婆很好，她把侍候婆婆当成服侍上帝或者基督耶稣。对一个人的爱和服侍，不是因为喜欢他或她，而是为了荣耀和赞美神。

中国也非常重视"孝"，并引入了神话来支持，据说佛家里的"目连救母"故事就是中国人给加上去的，原来的佛典里是没有的。但是，"孝"在中国依然是个大问题，当下的一代更是不敢恭维。所以，当我回到老家听家乡戏，地方台有好多都是关于"不孝的子女"的戏，现实生活里不孝的故事更多。这在注重"孝道"的中华文化里，似乎令人难以理解。大概这种现象是由于我们传统的价值观念和社会结构约束力在转型期已经衰微，而新的观念和力量还没有确立所造成的吧。

在团体格局下，有象征着团体的神的观念，由此派生出两个重要的观念："一是每个个人在神前的平等；一是神对每个个人的公道。"前者规定了人与人之间的平等关系，后者则规定了神的公道，不会放过任何一个"罪人"，也不会亏待任何一个"义人"。神具有最终审判权。费孝通接着又开始分析耶稣和基督教对团体格局下道德观念的影响。

耶稣的基督教下的道德观念

耶稣的基督教首先否定了自己的肉身父亲，说自己直接来自"天父",而且这个"天上的父"是每一个人的父亲。这是非常奇特的地方,也奠定了人人平等的神性根基。费孝通说:"耶稣称神是父亲,是个和每一个人共同的父亲,他甚至当着众人的面否认了生育他的父母。"而且"为了要贯彻这'平等',基督教的神话中,耶稣是童贞女所生的"。这样,"亲子间个别的和私人的联系在这里被否定了"。为什么会这样呢?费孝通从功能论的角度认为:"这并不是'无稽之谈',而是有力的象征,象征着'公有'的团体,团体的代表——神,必须是无私的。"从这一点看,费孝通也是《圣经》的解经理论家了,颇有洞察力,我没有见到过其他人对《圣经》有这种"团体格局"的解释。

在这种观念下,"每个'人子',耶稣所象征的'团体构成分子',在私有的父亲外必须有一个更重要的与人相共的'天父',就是团体"。在这样的团体下,"每个个人人格上的平等才能确立,每个团体分子和团体的关系是相等的。团体不能为任何个人所私有"。以此为基础才有美国《独立宣言》中开篇所言的"全人类生来都平等,他们都有天赋不可夺的权利"。美国至今仍然是以基督教为主流宗教的国家,总统和法官一手按着《圣经》,一手举起来向上帝宣誓。

笼罩万有的神在人世间还需要有代理人,因为上帝虽然象征团体无形的实在,但是在"冥冥之中"。于是有了"代理者",英文是Minister,是团体格局的社会中的一个基本概念:

五 维系着私人的道德:追寻同等的"爱" 143

执行上帝意志的牧师是Minister，执行团体权力的官吏也是Minister，都是"代理者"，而不是神或团体的本身。这上帝和牧师、国家和政府的分别是不容混淆的。

宗教和世俗政治都是代理关系。但是在宗教里，代理者的角色在历史上不断退让，现在基督徒不再需要通过牧师才能和上帝"交通"（这里"交通"是基督教的专门用词，我怀疑是"交流沟通"的缩写，一般人读起来比较别扭），而是直接与上帝"交通"。这是因为"在基督教历史里，人们一度再度地要求直接和上帝交通，反抗'代理者'不能真正代理上帝的旨意"。在世俗政治里面，也同样是这样的：

也可以说是一贯的，美国独立宣言可以接下去说："人类为了保障这些权利，所以才组织政府，政府的适当力量，须由受治者的同意中产生出来；假如任何种政体有害于这些目标，人民即有改革或废除任何政体之权。这些真理，我们认为是不证自明的。"

看来，所谓不证自明的观念来自于信仰。我国古代的陈胜、吴广也只是提出"王侯将相宁有种乎？"不过，"均田地，等贵贱"的口号似乎与基督教的上帝面前人人平等有异曲同工之妙，但因为没有"神性"的信仰之基础，也只是一些人在夺得政权之前的权宜之计而已。一旦有了政权，就开始等级森严。即使像洪秀全打着"基督教"旗号的太平天国也不例外。太平天国的例子也说明,变异了的宗教更为可怕。

团体格局下道德是如何发生的呢?是因神的公义和爱而发生的,在于"神对每个个人是公道的,是一视同仁的",而且是爱的。代理者如果违反了这些"不证自明的真理",就会失去代理的资格。所以,"团体格局的道德体系中于是发生了权利的观念"。权利观念在团体格局里,是"人对人得互相尊重权利,团体对个人也必须保障这些个人的权利,防止团体代理人滥用权力,于是发生了宪法"。这是宪法精神的来源。

与这种宪法精神相配合的是西洋的公务观念。这样"国家可以要求人民的服务,但是国家也得保证不侵害人民的权利,在公道和爱护的范围内行使权力"。

孔子儒家下的道德观念

关于团体格局和基督教神性观念下道德体系的介绍,是为了"陪衬出'差序格局'中道德体系的特点来"。对照而言,就会发现,两种格局下的道德体系,很多地方刚好相反。孔夫子儒家的道德体系是这样的:

> 在以自己作中心的社会关系网络中,最主要的自然是"克己复礼","壹是皆以修身为本"。——这是差序格

局中道德体系的出发点。

费孝通在《差序格局》中已经说过,孔子的儒家重在"推己及人",一圈圈往外推去,像水波纹一样。费孝通认为:

> 从己向外推以构成的社会范围是一根根私人联系,每根绳子被一种道德要素维持着。社会范围是从"己"推出去的,而推的过程里有着各种路线,最基本的是亲属:亲子和同胞,相配的道德要素是孝和弟。"孝弟也者其为仁之本欤。"向另一路线推是朋友,相配的是忠信。"为人谋而不忠乎,与朋友交而不信乎?"

总之,面对不同的对象有着不同的配套道德要求,不是像团体格局一样,人人平等的关系,是一套适用于团体每个分子的权利道德体系。

既然孝、悌、忠、信都是私人关系中的道德观念,那么差序格局中就找不到一个超乎私人关系的道德观念吗?比如说儒家的关键观念之一"仁","仁者爱人",也是讲爱的。但这个"仁"字,虽然在《论语》中解释得最多,却缺乏一个抽象的概念来定义什么是"仁"。费孝通说:"孔子屡次对于这种道德要素'欲说还止'。"即使在他"积极地说明'仁'字是什么时,他却退到了'克己复礼为仁''恭宽信敏惠'这一套私人间的道德要素了"。总之,"孔子的困难是在'团体'组合并不坚强的中国乡土社会中并不容易具体地指出一个笼罩性的道德观念来"。而"仁"的解释在历史上有很多种,比如陈荣捷就讨论了七种解释(陈荣捷:《"仁"的中西方解释》,载《中国哲学杂志》1975年第2期)。

因为"仁"的解释的模糊性,费孝通认为:

> 仁这个观念只是逻辑上的总合,一切私人关系中道德要素的共相,但是因为在社会形态中综合私人关系的"团体"缺乏具体性,只有个广被的"无不归仁"的天下,这个和"天下"相匹配的"仁"也不能比"天下"观念更为清晰。

因此,要说明具体的"仁",仍然要回到"孝悌忠信"那一类的道德要素。这就回到了人伦的关系。

这样,从中国传统伦理道德体系里无法找到基督教里的那种"不分差序的兼爱",找不出这种观念。墨家主张"兼爱"和"非攻",主张没有差等的爱和反对战争。但是,墨家因为这种把儒家"推己及人"极端化的"兼爱"而被孟子骂为禽兽;到汉代独尊儒术的时候,墨家几乎就销声匿迹了。只是在近现代人们才再次找到墨家的"兼爱",以此来寻找中国式的"不分差等的爱"(比如孙中山曾说:"墨子的'兼爱'，与耶稣所讲的博爱是一样的"[1]。费孝通几乎没有讲墨家的"兼爱"（只在该章结尾处提到一句），因为这未曾在中国社会里实现过。

因此，在中国乡土社会里也很不容易找到个人对于团体的道德要素，没有西洋社会"团体格局"里的关于公务、履行义务的一个清楚明白的行为规范。我们知道，比如国家作为一个团体，每个公民对国家都是要履行义务的，这在团体格局里，个体对团体的权利和义务是清楚的。但是，在差序格局社会里就没有这种清晰的规范了。于是，在差序格局的中国传统社会中，"我们有时把'忠'字抬出来"来规范个体对团体的义务。《论语》里强调的是人与人之间的"对人之诚"，比如"为人谋而不忠乎"里面的"忠"就是这个意思。有时候，我想，现代社会里，那些结党营私的官僚们不正是实践着"个人之间的忠心"，而非个人对国家的忠诚、对公务的忠诚吗？！这一弊端大概也是从"差序格局"下的道德体系中衍生出来的。

经过考证，费孝通认为：

> 在《论语》中，"忠"字甚至并不是君臣关系间的道德要素。君臣之间以"义"相结合。……所以"忠臣"

---

[1] 中国社会科学院近代史所等编：《孙中山全集》（第9卷），北京：中华书局1986年版，第244页。

的观念可以说是后起的，而忠君并不是个人与团体的道德要素，而依旧是对君私人间的关系。

因为这种"团体道德的缺乏，在公私的冲突里更看得清楚。就是负有政治责任的君王，也得先完成他私人之间的道德"。比如，舜做了皇帝，对待他的父亲就不能用对其他国民一样的态度。当然，孟子在论述这个冲突时，也想两全，想出了让之逃到法律所不及之地。但是，问题就出来了，无法有一个普遍性的道德标准，道德标准的个人性造成了标准的相对性。

缺乏普遍性道德标准的后果

在一个差序格局的社会里，都是私人关系搭成的网络，缺乏一个绝对的普遍性道德标准，因此，"所有的价值标准也不能超脱于差序的人伦而存在了"。其结果就是：

> 中国的道德和法律，都因之得看所施的对象和"自己"的关系而加以程度上的伸缩。我见过不少痛骂贪污的朋友，遇到他的父亲贪污时，不但不骂，而且代他讳隐。更甚的，他还可以向父亲要贪污得来的钱，同时骂别人贪污。等到自己贪污时，还可以"能干"两字来自解。

这是费孝通近70年前的话，现在依然不过时。这种看上去很好笑的矛盾现象，在差序格局社会里并不觉得矛盾：

> 在差序社会里可以不觉得是矛盾；因为在这种社会中，一切普遍的标准并不发生作用，一定要问清了，对象是谁，和自己是什么关系之后，才能决定拿出什么标准来。

费孝通写到这里戛然而止，没有对如何突破这种困境试图找个办法。我们无法猜测费先生当时的心思，也许他认为自己的任务只是把这个矛盾揭示出来，或者他认为不言自明应该朝向团体格局走，或者他也没有一个好的办法。历史实践总有着自己的逻辑。

复兴儒家、基督教和佛教

我总对缺乏神性的人文主义存有怀疑。哲人斯宾塞有句话："权力是对活人的恐惧，宗教是对死人的恐惧。"前者是世俗政治权力的基础，后者是宗教权力的基础。在中国两千年的儒家"慎独"教导下，依然君子寥寥，大概是儒家过于把"慎独"作为君子修身的标准了。后人越来越发现，在儒家价值观下，伪君子会不断产生。就如同"差序格局"下对与自己关系不同的人使用不同的价值标准一样，里里外外标准不一样。说是克己，实则利己。

不过，我才疏学浅，不敢对儒家及各个宗教派别妄谈什么。这里勉为其难，说些自己的感想和观察。在中国剧烈的转型时期，我不敢确定是否是一个从"差序格局"的社会转向"团体格局"的社会，因为任何实践逻辑都是有限理性无法预知的。当然，我也无法说这两种格局的社会，哪种社会里的人生活更美好，或者感觉更幸福。朋友曾提醒我这一点，就如同"现代化是否让人感觉比传统社会更幸福"一样，我们不知道问题的答案。我总觉得，一枚硬币总是由两面组成的，孔雀开屏，也会把臭屁股露出来。比如，团体格局里，人情味似乎就淡了很多。在"大义灭亲"的"文革"时期，一些人对父母亲友的揭发，也是令人难以磨平的伤疤。看似原则普遍了，但事实上，谁能够如耶稣一样否认自己的肉身父亲呢？！

现在中国的价值观的走向，知识分子们也在不懈地探寻。复兴儒家——当然是现代人理解的儒家——是一个很热的方向，因为这个儒家之根深入人心，我们的"差序格局"处处无不体现出了儒家的价值理念。儒家在国人心目中，大概是最容易接受的，因为这是"我们的传统"，其思想深入骨髓，几乎是不证自明的真理。但是，社会的冷漠，信任的缺失，让儒家的温情在现实面前总是无法恣意绽放。对照基督教和儒家价值体系下的道德观念，儒家只能是使"差序格局"的价值合理化的工具。

那么基督教呢？我零零星星接触到了一些人和事，读过一些书和文章，对基督教影响未来中国人价值观的前景，只能持保留意见。从大唐时代就开始传入中国的基督教，为什么一千多年来无法落地生根，我们的四大名著几乎找不到基督教的影子，而佛教却是无所不在，一如儒家深入生活和人心。这个问题，我至今没有找到答案。杨华曾认真研究过基督教在中国的传播，在南方宗族文化强盛的地方，基督教比较弱，北方则因为传统家族祖宗崇拜较弱而基督教流行较广。但是，问题是基督教作为宗教，由于历史的原因和现实的土壤，很容易"歪嘴和尚念歪了经"，近来说有定性的邪教中，绝大部分是打着基督教的幌子的。在美国的基督教华人牧师们也在为国内基督教传教人胡乱传教而忧心忡忡。另外，土壤和植物总是要搭配的。佛教到了中国，有了中国佛教，甚至说"人人皆有佛性"也是为照应儒家的"人皆可以为尧舜"的中国式佛教解读。基督教会像佛教一样有中国教派吗？真的很难回答这个问题，只能等实践逻辑来回答。

佛教也有了热起来的人间佛教。但是，佛教进入中国也一千多年了，并没能把中国传统的社会结构转换为团体格局中的个人与团体的关系，没有提供一套个人与团体的规范体系。佛、道和儒家相互影响，共同作用于中国社会的道德价值体系。不管是儒家还是佛教，都不是一神教，都是富有包容性的道德体系，而不是排他性的且只有一个"笼罩万有的神"的一神教。如果只认同一个"神",这些价值体系肯定是要革命的。从南怀瑾的讲解观点来看,儒家和佛家在终极上是共通的。虽然学院派人士不愿意承认南怀瑾的研究,但是,学院派如今也没有真正让人更认同的观点。

我经过多年的阅读和思考,有一个个人感想,不管是儒家、佛教还是基督教,共同的地方都是鼓励人们到达"无我"之境,奉献出自己。只不过,儒家献出自己是为了"至善";佛家是为了"普度众生",最后成佛,脱离六道轮回;基督教则是为了赞美和荣耀神,到达天国获得永生。儒家和佛家的观念,在现代中国的世俗化版本是"为人民服务"。

自文艺复兴以降的人本主义,因为逐渐脱离了神性,人从传统"宗教"的束缚中解放了出来,同时也让人失去了本该有的"神性"束缚。事情总是难以十全十美。难怪中国《易经》六十四卦里,似乎只有谦卦没有不吉的地方。可是谦卦也是最难做到的一卦,过犹不及,都不是"谦"了。也许具有了人格化的神,因为兼顾二者,一定程度上可以减少人文性和神圣性两极间的张力吧。

美国也是多种宗教在竞争。在基督教的实力如此强大的地方,佛家寺院也一座座兴起,其经典也在不少地方传播。儒家经典,在保留中国文化的意愿下,也有人在读。任何一种宗教想纯而又纯地一家独存,在一个大国似乎也不是太容易实现的事情。只要可以和谐共处,多样性也是文化繁荣的标志。

在走出乡土的路上,人们是否必须走出"差序格局"的社会，走入"团体格局"的社会，也是一个疑问。但现代文明是以普遍主义为主导力量的。在这个世俗化的时代，神性与世俗的空间争夺一时半会儿也不会淡出历史舞台，政治权力无疑在这个舞台上是关键力量。走出乡土的路途究竟会走向何方，祈盼有识之士认真思考，希望有时代思想家引领普罗大众。

六　聚居家族：独立家庭

从皇权到百姓之间：绅士

《乡土中国》的第六章讲的是家族。但是，在进入正题之前，我想先简单说说乡土社会里的一个特殊群体，即绅士。在帝国的皇帝大臣和平民百姓之间，绅士是一个实现社会秩序、润滑专制的皇权和弱小的平民之间关系的关键群体。问题是为什么绅士这个群体能产生并实现这个功能呢？这就是家族宗法社会提供了产生绅士的土壤，生长出了这个人物群体。绅士在松散的小农社会里组织并实现社会秩序。

对照美国社会，在托克维尔看来，处处是大大小小的自治社团组织，这些组织实现了美国社会的民主和自治、繁荣和创新。当然，这些组织是费孝通概念下的"团体格局"的结构。一个社会的秩序，如果要靠绝对的专制维系，需要最高权力具备相当的能力。中国封建社会的皇帝是做不到的，所以皇权的下达只到达县一级，再下面就是绅士活动的范围了。中国小农社会的稳定，这些绅士是功不可没的。在《皇权与绅权》一书中，费孝通对绅士的功能和演变有很精彩的描述和分析，不多说了。这里要强调的一点，就是绅士是在家族中产生的，家族为绅士的产生提供了土壤和条件，使他们获得了功名和社会地位，同时他们的成功又加强了家族的力量。绅士是家族在皇权下自保所需要的，也是皇家实现社会秩序和统治所依靠的力量，所以绅士们在两边都是可以获得话语权和影响力的人。当然，到了民国时期国家政权开始走进家家户户之后，绅士阶层进而也消逝了，取而代之的是基层"公务员"。

下面我们就进入本章主题——家族，看看家族到底是如何在乡土社会中实现自己的社群组织的。

理想类型概念的作用

几年前，我选了一门美国前副总统沃尔特·蒙代尔的课，写作业、查资料，看到了他当年访华前夕看的材料，其中一个文档封面上是鱼眼太极图，黑的部分有个白眼，白的部分有个黑眼。这个图说明了世上的事物都是黑中有白、白中有黑的道理，这个图大概也是西方了解东方中国人的思想和观念的一个方面。任何事情纯粹了，就没有生命力了，在现实中也难存在了。理念类型概念就属于这种纯粹，而现实却是不纯粹的。前面我们说到费孝通的"差序格局"和"团体格局"概念时也说过,只是为了分析的需要而抽象出来的理想类型,是存在于头脑中的理念。现实社会并不存在纯粹的"差序格局"和"团体格局"。

当年有人读了费孝通关于"差序格局"的文章后,也提出了质疑,说费先生的概念不符合现实社会:

> 譬如有一位朋友看过我那一章的分析后,曾摇头说,他不能同意我说中国乡土社会里没有团体。他举出了家庭、氏族、邻里、街坊、村落,这些不是团体是什么?

这是概念的解读出了歧义。在费孝通的概念里,这些都不是狭义上的团体,而是"社会圈子"。而钱会,则属于团体格局的。也就是说中国乡土社会也不是完全没有团体格局的,西方欧美社会也不是没有差序格局。二者仅作为理想类型概念来分析:

> 从主要的格局说,在中国乡土社会中,差序格局和社会圈子的组织是比较的重要。同样的,在西洋现代社会中差序格局同样存在的,但比较上不重要罢了。这两种格局本是社会结构的基本形式,在概念上可以分得清,在事实上常常可以并存的,可以看得到的不过各有偏胜罢了。

这样在概念上把两种格局和组织区别出来是不是多余呢？不是。"因为这个区别确可帮助我们对于社会结构上获得许多更切实的了解，免除种种混淆。"费孝通的这对理想类型概念——"差序格局"和"团体格局"，与涂尔干的"机械团结"和"有机团结"、滕尼斯的"公社"与"社会"概念都是一个类型的，而且在现代化过程中，都是从前者走向后者的。实际上，这都是两极中间连续谱上的某种状态，而不是纯粹的一个极端点。齐美尔的概念说社会从"熟悉社会"到"陌生社会"，也属于这个类型。难道会有没有任何熟人的社会？事实上是不可能存在的，只是偏于某个方面，偏重的程度不同罢了。

因此，遇到这类概念时要明白这层道理，它们只是帮助我们分析复杂现实的工具概念，而不是事实本身。

乡土社会基本的社群：家

在古典戏曲和小说里常会遇到这样的情景，一个人介绍自己的时候，会把家乡籍贯和祖宗几代交代出来。比如戏曲《穆桂英挂帅》里的杨文广在校场给宋皇表家乡，他是这样表的：

家住河东在火塘，头一辈爷爷是火山王；二辈爷爷杨继业,金刀令公美名扬;三辈爷爷杨延景,威震三关白虎堂;我的父名讳杨宗保,人称"赫天小霸王";佘太君是俺曾祖母;穆桂英她是俺的娘。

《三国演义》里刘备辉煌的祖上让他成了"刘皇叔",获得了重大的社会资本。小说第二十回里这样写刘备第一次见汉献帝:

帝宣上殿,问曰:"卿祖何人?"玄德奏曰:"臣乃中山靖王之后,孝景皇帝阁下玄孙,刘雄之孙,刘弘之子也。"帝教取宗族世谱检看……

在中国,家往往承载着历史宗族传统,有着"家族"的意涵。虽说上面两则都是戏曲和演义的说辞,但来源于社会事实,也是一种文化符号,颇有"爹是英雄儿好汉"的意味!在美国,也常说布什家族、肯尼迪家族,一旦某人稍有名声,其家族背景也是新闻和坊间的热议话题。

在记忆里,我们求学和工作中填过多次表格,家庭关系、祖上成分都是不可缺少的。这就是一出生就界定了我们的身份的"家"。

家,是我们再熟悉不过的了。可是,要抽象出一个"家"的概念,还真不是那么容易。在明确了概念的理想类型和功能之后,费孝通进入到了"中国乡土社会中基本社群,'家'

的性质"。

家庭，可大可小，虽然是最常见的现象，是我们乡土社会中的基本社群，但也不好抽象出个概念。费孝通在《江村经济》一书里，把这种普通称为"大家庭"的，叫作"扩大了的家庭"（Expanded Family）。这是学者在进行严肃的概念讨论，这里加了个"扩大了的"，是为了说明中国和西洋的"家庭"在性质上相同但形式上不同。更确切地说，中国乡土社会里的基本社群应该称作"小家族"。

为什么会有这样的区别呢？因为中西社会里的"家"在结构的原则上不同。费孝通说：

> 我们普通所谓大家庭和小家庭的差别绝不是在大小上，不是在这社群所包括的人数上，而是在结构上。一个有十多个孩子的家并不构成"大家庭"的条件，一个只有公婆儿媳四个人的家却不能称之为"小家庭"。

这个大与小的区别在于结构，不在于人口数量的多少。一对夫妇十个孩子的家庭结构就是父母和子女，但是有公婆和儿媳的四人家庭结构就复杂了，里边有两对夫妇，儿媳与公婆没有血缘关系而只有姻亲关系。

费孝通更是一个人类学家，从清华的史禄国到英国伦敦经济学院的马林诺夫斯基都是从人类学的方向来训练费孝通的。而人类学学者对"家庭"和亲属称谓的研究是看家本领，费孝通也从人类学角度来定义家庭：

> 家庭这概念在人类学上有明确的界说：这是个亲子所构成的生育社群。亲子指它的结构，生育指它的功能。亲子是双系的，兼指父母双方；子女限于配偶所出生的孩子。这社群的结合是为了子女的生和育。

这是功能论的解释。动物也生育子女，为何不组成人类社会的家庭？人类社会发展了一套文化，就是"生育制度"。费孝通专门写了一本功能论的学术专著《生育制度》，有时候与《乡土中国》合在一起出版。这里的观点就是他在生育制度里的观点，详细内容可以参阅《生育制度》一书。

回过头来看功能论下的家庭概念。家庭是担负生育功能的组合社群。费孝通说：

> 在由个人来担负孩子生育任务的社会里，这种社群是不会少的。但是生育的功能，就每个个别的家庭说，是短期的，孩子们长成了也就脱离他们的父母的抚育，去经营他们自己的生育儿女的事务，一代又一代。家庭这社群因之是暂时的。

这是与学校、国家之类社群所不同之处。如果费孝通看到现在社会的养老院，更会感受到家庭的暂时性。所以，"家庭既以生育为它的功能，在开始时就得准备结束。抚育孩子的目的就在结束抚育"。

这句话类似于以前有位老师的话："教师教是为了不教。"教师教会学生自己学习了，就不用教了，这才是教的目的。

然而，家庭的存在并不会因为抚育任务的完成而结束，因为家庭还有其他方面的功能，比如经济的、情感的和两性的。这样，结果就是不会因为完成了生育功能后家庭就结束了。

可是，限于夫妇的家庭还是满足不了另外一些事务的完成。费孝通说：

> 夫妇之间固然经营着经济的、感情的、两性的合作，但是所经营的事务受着很大的限制，凡是需要较多人合作的事务就得由其他社群来经营了。

作为家庭的社群，西洋和中国乡土社会的区别，在结构上。"在西洋，家庭是团体性的社群。"这在前面章节里也提到过，他们的家庭仅限于父母和未成年子女，且在功能上，家庭承担的也更少，主要在于生儿育女。这里补充一句，美国的家庭概念在变化中，比如最明显的是同性恋婚姻合法化，一些同性婚姻家庭就不是传统意义上的夫妇和子女的家庭了。不久前，听一个朋友说，美国有35个州都将同性恋结婚合法化了，而密苏里州因为早年法律规定是一男一女可以结婚，但是其他州同性婚姻家庭移居到该州，该州不认可，他们正在为此事打官司。这是费孝通写作《乡土中国》的时代没有发生的事情。美国同性恋权利运动发生在20世纪60年代，当时婴儿潮一代到了青春期。

再来看费孝通对比中西家庭的问题。与西洋家庭的团体性相比，在中国乡土社会里，家庭概念就不是这样界限分明了："这社群里的分子可以依需要，沿亲属差序向外扩大。构成这个我所谓社圈的分子并不限于亲子。"但是，这个在结构上的扩大路线是有限制的：

> 中国的家扩大的路线是单系的，就是只包括父系这一方面；除了少数例外，家并不能同时包括媳妇和女婿。在父系原则下女婿和结了婚的女儿都是外家人。在父系方面却可以扩大得很远，五世同堂的家，可以包括五代之内所有父系方面的亲属。

这个事情到现在，在家的概念受到现代化冲击下，有所变化。至少在孩子随母亲姓方面、子女财产继承方面，比乡土中国社会开放多了。这就冲击了父系原则的限制。

因此，在费孝通看来，与西洋的家庭结构相比，中国乡土社会里这种由单系亲属原则所组成的社群，"在人类学中有个专门名称，叫氏族。我们的家在结构上是一个氏族"。这个概念与通常所谓的族又不同，族指的是由许多家庭所组成的，一个社群的社群，比家庭更高一个层次。像《红楼梦》里的四大家族，贾家作为一个家族，就是许多个家庭组成的，比如贾政、贾赦、贾珍等家庭。因为这种结构上的差别，中国乡土社会里的家庭，就成了"小家族"，与"大家族"相比较，结构上是一样的，只是数量上有多少的差别罢了。因此，费孝通不是用"大家庭"，而是用"小家族"，以此来显示这种家庭结构上的性质。

这就是乡土社会里基本的社群——家，其实都是小家族，与西洋的家庭是不同的结构原则。

生计事业的社群：乡土社会的家族

家庭在乡土中国社会里，无疑具有"小家族"的特征，由于家族在结构上包括家庭，那么最小的家族，也就是一个家庭，父母子的三角作为亲属结构的基础。其实，这里的家族概念是针对活着的人口而言的。我们通常说的家族，还包括祖上一些名望高的祖宗，说是"望族"就含有这个家族的历史成分。按照费孝通的说法："包括在家族中的家庭只是社会圈子中的一轮，不能说它不存在，但也不能说它自成一个独立的单位，不是一个团体。"

中国的传统上的家，是个大家庭，即使不是四世同堂，也是父母与结了婚的儿子、媳妇、孙子们不分家的。现在的家庭以经济单位看，几乎都是儿女一结婚就单独成立家庭了，但也有着传统的遗续。

形态结构上的变化，带来了家族更多的功能，虽然也包括生育，但却超越了生育功能。费孝通再次引用人类学中氏族和部落的概念：

> 依人类学上的说法，氏族是一个事业组织，再扩大就可以成为一个部落。氏族和部落赋有政治、经济、宗教等复杂的功能。我们的家也正是这样。

因此，中国乡土社会里家或者称"小家族"，当然也有人数众多、势力重大的大家族，他们有着许多超越所谓生育的功能，比如政治、经济、宗教、教育、安全和文化等功能。

费孝通在这里退了一步，为了满足概念上的准确，他假设"中国乡土社会采取了差序格局，利用亲属的伦常来组合社群，经营各种事业，使这基本的家，变成氏族性了"。而事实上也是这样的。即使到现在，家族企业依然是华人社会里的主流。这样的多功能家族，就是生计事业社群：

> 一方面我们可以说在中国乡土社会中，不论政治、经济、宗教等功能都可以利用家族来担负，另一方面也可以说，为了要经营这许多事业，家的结构不能限于亲子的小组合，必须加以扩大。

因为这些功能必须具有延续性,所以中国乡土社会里的家族就不可以像西洋的家,是临时性的。家并不因为个人的长成而分裂,也不会因为个人的死亡而结束,要绵续下来。这样中国乡土社会里的家,等同于人类学里的氏族概念。

不过口语中家的概念更是多变,随着语境而变化,可能是自己的经济独立核算的小夫妻家庭,也可能和父母算在一起。人们有时候还会说,"我曾祖父那时候,我们家有几十亩地",这是含着历史意味的家的概念。更有甚者,把天下同姓氏的都视为一家,我就见过姓高叫"高永×"的多人,他们还延续着家谱派的"辈分"。家有着空间亲属的伸缩性,也有着纵向历史的伸缩性。

既然中国的家是一个经营事业的单位,那么随着事业的发展,决定需要人手多少,事业的规模,决定着家的大小。当然,还要看内部成员的关系是否和谐。比如,人类学家林耀华的经典著作《金翼》里就有黄东林与侄子分家的事情,黄东林早亡的哥哥的两个儿子长大成人了,不分家总觉得自己吃亏了,非要分家单干。事实上,从后来的发展看,这两个年轻人还是不跟叔叔分家好。

西洋社会与中国乡土社会的家庭结构性质不同,内在分子之间的关系也不同:

> 在西洋家庭团体中,夫妇是主轴,夫妇共同经营生育事务,子女在这团体中是配角,他们长成了就离开这

团体。在他们，政治、经济、宗教等功能有其他团体来担负，不在家庭的分内。

其实也不完全如此。不少美国家庭承担了很多经济功能，教育上现在在家自己教育孩子的人也越来越多，没有那么清楚地由其他团体负担。当然，这里只是复杂现实的简化处理，概括个主要成分罢了。

家庭里的情感关系

因为结构和功能的差别，西洋社会和中国乡土社会家庭成员在情感上就不同了。在西洋家庭，因为夫妇是主轴：

> 两性之间的感情是凝合的力量。两性感情的发展，使他们的家庭成了获取生活上安慰的中心。我在《美国人性格》一书中曾用"生活堡垒"一词去形容它。

这里牵涉两性情感问题，在下一章《男女有别》里有专门论述。在中国乡土社会里，家的"主轴是在父子之间，在婆媳之间，是纵的，不是横的。夫妇成了配轴"。虽然这两个轴都是绵续性的，不是临时的，但是因为事业的需要，则把感情排斥出去了。我不知道费先生这个观察准确程度有多大,但是确实为我们提出了一个问题,到底感情该在生活中处于什么位置。现在社会的自由恋爱,自然是男女二人情感第一。是这样吗?也要画个问号,因为流行着"学得好不如嫁得好",什么叫嫁得好?时下的标准是"高富帅",但这就可以产生感情了吗?古代所谓的门当户对就是指家族地位对等,可以保持家族生活水平和社会地位的利益,而牺牲了感情。不管是否有感情,也要为了家族的利益而通婚。

对情感的排斥是因为事业需要纪律,这是费孝通给出的理由:

> 我所谓普通的感情是和纪律相对照的。一切事业都不能脱离效率的考虑。求效率就得讲纪律;纪律排斥私情的宽容。在中国的家庭里有家法,在夫妇间得相敬;女子有着三从四德的标准,亲子间讲究负责和服从。这些都是事业社群里的特色。

这样的情况似乎是从大家户到普通村民都是如此的。费孝通说:"不但在大户人家,书香门第,男女有着阃内阃外的隔离,就是在乡村里,夫妇之间感情的淡漠也是日常可见的现象。"他用自己的见闻说:"我所知道的乡下夫妇大多是'用不着多说话的','实在没有什么话可说的'。"这让我想到了刘震云的小说《一句顶一万句》,号称是中国人的"千年孤独"。书里边把人分成两类:一类是可以说得着话的,一类说不着话的，即使是父子夫妻也可能说不着话。在中国乡土社会里的许多婚姻，经济的考虑基本上是第一位，感情都被当作虚无缥缈之物，可以不管。进了洞房掀开了红盖头才知道自己要厮守的老公或老婆长得啥样子。能说得上话的，自然是万幸；多数夫妻就是说不着话的。

中国乡土社会的有些夫妇还是换亲结成的，就是一方的妹妹或者姐姐嫁过去，然后娶过来对方的姐姐或者妹妹，这是直接换亲；还有转个弯，三方交换的。这些都是因为男方经济条件差，不容易娶到老婆，才出此下策，哪里顾得上有没有感情。有的哭哭闹闹还是被逼上了"花轿"，也真是可怜。这是那个社会的产物，似乎确如费孝通所发现：一切皆以"家族事业"为重，容不下情感这东西。

费孝通是这样说中国乡土社会里的夫妇的：

> 一早起各人忙着各人的事，没有工夫说闲话。出了门，各做各的。妇人家如果不下田，留在家里带孩子。工做完了，男子们也不常留在家里，男子汉如果守着老婆，没出息。有事在外，没事也在外。茶馆、烟铺，甚至街头巷口，是男子们找感情上安慰的消遣场所。

不过，这个现象如今似乎更甚，如果丈夫老在外忙，妻子抱怨不顾家；如果丈夫整天在家做饭洗衣，又成了没出息。失了感情的，丈夫则到外面找"小三"去了，可不是简单的去

六　聚居家族：独立家庭　169

茶馆、烟铺和街头巷口找人玩了。

在费孝通看来，乡土社会里夫妇间是这样的：

> 回到家，夫妇间合作顺利，各人好好地按着应做的事各做各的。做得好，没事，也没话；合作得不对劲，闹一场，动手动脚，说不上亲热。

这和西洋社会的家庭相比，夫妇在大庭广众之下相拥相抱，还可亲吻，大大方方地说"I love you！"真是不可同日而语。西洋是个自由恋爱的社会。费孝通说：

> 乡下，有说有笑、有情有义的是在同性和同年龄的集团中，男的和男的在一起，女的和女的在一起，孩子们又在一起，除了工作和生育事务上，性别和年龄组间保持着很大的距离。这绝不是偶然的，在我看来，这是把生育之外的许多功能拉入了这社群中去之后所引起的结果。中国人在感情上，尤其是在两性间的矜持和保留，不肯像西洋人一般地在表面上流露，也是在这种社会格局中养成的性格。

中国乡土社会里的人的确不肯像西洋人一般在表面上流露情感，尤其是亲密情感，有着东方式的"欲说还休"的情感表达方式。但是，在保持距离上，性别和年龄组的问题中西是一样的。不久前,《美国社会学评论》上有一篇论文专门研究美国20世纪80年代以来的社会距离的变化,研究结果表明:在性别和年龄维度上,没有多大变化。在美国十多年的观察,我发现也是同性别的人们多在一起,聊天喝酒;同龄人在一起,大人在一起聊天,孩子们则在一起玩。物以类聚,人以群分。在美国这个社会也是这样,你见过谁家的妻子多与别家的丈夫聊天,而不是多和这家的女主人聊天?同样,谁家的丈夫整天去与人家的女人热热闹闹相聚,而不是找几个哥们儿消遣时光的?

家族文化的衰落:现代家庭结构

潘光旦研究过江南嘉兴的望族,企图找出为什么不是如古人所说的"君子之泽,三世而斩",也就是"富不过三代"。事实上,有的名门望族延续几百年,有的甚至延续四百年以上。为什么这些望族可以延续下来?是有其家族的行为根源的。这种家族保持长盛不衰,打破了"富不过三,官不过五"的俗话。这里所说的家族文化的衰落,不是指嘉兴望族这样的家族的衰落,而是指在现代社会里,乡土社会蜕变到现代社会过程中,"家族"这个现象本身在消失中,尤其在独生子女政策下,要有古代那种大家族的可能性真乃微乎其微。

在说现代社会家族文化衰落之前，我们先回头看看，作为生计事业的家族的功能。首要的就是经济上的，家族是经济共同体，尽管兄弟妯娌组成一个大家庭，如同巴金在《家》里描述的复杂的家庭关系，但也都不愿意分家。一分家就意味着经济上的分开，规模下去了，经营就困难了。尤其是乡村里大家庭的土地，一分几份，一个地主家庭，就会变成几个穷家。大概也是这个原因，在文化上发展出了一套儒家伦理，维护大家族的组织规模。分家成了父辈、子辈都没有面子的道德文化。到了20世纪80年代，分家文化崛起的时候，出现了《篱笆、女人和狗》反映农村分家的电视剧。

集中资源可以办大事。乡土社会里的许多事情，还真得大家族承担。比如，选出优异子弟参加科举考试，就是一个例子。许多时候，大家庭里不能让每个子弟都去上学就是因为经济条件所限，供应一个孩子考科举对一般夫妇小家庭来说也很困难，所以就从家族里出份子，共同来供应一个读书好的子弟。比如胡适家族，胡适的父亲胡传，因为是他那一辈里"十分聪颖"的一个，"被家中长辈特地选出，让他专心读书，以便参加科举"。[1]这又可以回到本章开头一段提到的绅士。这些子弟考了科举，有了科名，当了官，反过来庇护家族，可以回乡做绅士。费孝通在《皇权与绅权》中说绅士

---

[1] 胡适口述：《胡适口述自传》，唐德刚译注，桂林：广西师范大学出版社2005年版，第21页。

就是那群有科举功名的人,他们力求接近皇权,以此来保住自家的财产安全。绅士也可以说是家族社会里的产物。这些大家族,对族内的弱者,比如孤寡贫困人家,还会有些救济,也代替了社会慈善机构的功能。

家族功能在现代的延续,比如以一个姓氏或者两个姓氏的人群为主导的村庄,就容易融资修路、办校,这是近些年研究中国乡村公共物品的学者们发现的。如果是多姓氏人群组成的村庄,则公共物品的供给就较差。[1]

在乡土社会里,不少时候社会安全还得靠家族自己来完成,尤其是土匪和散兵游勇扰乱的时代,安全也是作为公共资源由家族提供的。

另外,家族还可以很方便地把家族传统和社会资本让父子代代相传。潘光旦在研究江南嘉兴望族时发现,他们可以延续几百年的秘密主要有两点:一是遗传,二是教育。遗传是生理的,他们在找媳妇和女婿时,考察对方素质,保证遗传基因的优良。这一点也与费孝通说的为了家族事业而压制感情的观点一致。教育就是家族诗书传家的传统,让孩子从小识字学儒家伦理和有关知识。有文化、有地位的父辈,通过教育培养有文化和地位的子辈,而这些教育,不少都是通

---

[1] 参见 Lily L. Tsai, "Solidary Groups, Informal Accountability, and Local Public Goods Provision in Rural China", *American Political Science Review*, Vol. 101, No. 2 (2007), pp. 355-372。

过耳濡目染潜移默化进行的，几世同堂就可以有这种熏染效果。前面提到的刘备和杨文广自报家族背景也可以说明，在中国人的文化观念里，对名门望族是崇尚的。俗话说，了解一个人可以通过他结交的朋友，同样道理，也可以通过家族来了解一个人。"将门虎子""书香门第"都是在说这种大家族的影响作用的。现在的三口之家，就少了大家庭的教育环境。我们声讨学校教育怎么不好，从西学东渐开始，学校教育就被声讨。其实，教育本不是一个简单的学校教育问题。

西学系统进入中国，已经在革命中国传统的教育体系，进而影响乡村社会生活环境。比如史靖在《绅权的继替》(见《皇权与绅权》)中论述了西学冲击后"从前曾散在城乡村镇的教学方式变为集中于城市，特别是集中于大都会"。

> 学校所灌输的大部分是适应工业文明的观念意识与技术，……在都市以外是无法施展其本领的，……农家子弟一旦进入新式教育，往往要尽量留在城市。……原来应该继承绅士地位的人都纷纷离去，结果便只好听滥竽者充数，宵小遂趁机操纵，基层政治每况愈下。

这是西学东渐在城乡变迁方面的影响。如今的大学生也是要留城里的，乡村是诗意的田园，不是有志青年人的去处。

在中国大家族的文化里，还有一个"光宗耀祖"的观念，我有时候觉得，这个观念是否也有着西方基督教下"荣耀上帝"的社会功能。即是说个人的事工超出了个人的道德意义和价值，在中国是荣耀祖宗，在西方是荣耀上帝。中国家族的祠堂，起着教堂的作用，凝聚组织力量，给心灵一个认同和方向。而正是这种观念，约束着人的负面行为，同时激励着人们的正面行为，激发社会正能量。当然，祠堂的宗法文化已经在现代化社会里极度衰微。

当下的中国，由于经济已经突破家庭范畴而在单位化，人口流动打破了"聚族而居"的乡土社会条件，亲缘让位给了地缘，再加上人口政策的推波助澜，家族文化似乎已经不再。

这样，在工业化和西式教育体系下，乡村社会的精英们就"损蚀"了。而当下乡土社会的家族生存土壤已经不复存在，绅士阶层也没有存在的基础了。家庭结构已经很西化了，与西洋社会越来越雷同。在这一点上，我们都在"被"走出乡土，因为回不去了！作为生计事业组织的家族的桎梏碎了。而走出的这一代，一直是漂泊者，只能不停歇地走下去！

七 男女有别：爱情崛起

始祖亚当和夏娃，不是因为爱情，而是源于安排

人类始祖亚当和夏娃的结合不是因为爱情，而是上帝的安排。在近代自由恋爱思想出现之前，爱情在婚姻中不占主要地位。当然，亚当、夏娃时代还不存在现在的所谓婚姻和家庭概念。

在中国语境下，虽然从《诗经》开始就有了情歌，比如"关关雎鸠，在河之洲，窈窕淑女，君子好逑"之类。但在以儒家为主导的文化里爱情就没有什么位置。据考证，《论语》里只有一个"情"字，还是表示"信任"的意思[1]。

门当户对是传统婚姻的第一条件。门当户对的英语表达是"family doors of equal size"。这个表达比较形象，家门要一

---

[1] 参考 Haiyan Lee, *Revolution of the Heart: A Genealogy of Love in China, 1900-1950*, Stanford, CA: Stanford University Press, 2006. 此书对中国现代爱情的启蒙历史有很好的探索。

样大的人家才可以婚配,一样大的房子标志着双方在社会地位和经济实力上比较对等。爱情不能当饭吃,见鬼去吧!

台湾美学家蒋勋曾说他母亲和父亲的婚姻,不是因为爱情,而是因为他母亲出身成分不好——清朝的大官僚家庭。他母亲为了生存,嫁给了个上了黄埔军校的将官——出身好的福建农家子。基于生存而不是爱情的婚姻,他母亲心中的"花家",他的父亲一生不会懂。

看看实际生活中,实在没有发现几对夫妇是因为主要看中爱情而结婚。父母以及之前的祖辈们,基本上都是先结婚后恋爱。能够巧合的,对方正好是自己心中的另一半的概率会有多大?如早年物质贫乏的年代,因为家里贫穷,从小就送到婆家做童养媳的女孩,践行的就是吃饭第一,爱情靠边。

我对潘绥铭教授的性社会学课印象很深,他分析说爱情、婚姻和性是分离的。即是说,可以有爱情,但不能结婚;可以结婚,但不必要有爱情;可以有性,但不一定要有爱情、婚姻,或者二者都不必有。

《红楼梦》里的爱情、婚姻和性的关系涵盖了三者分离的各种例子。贾宝玉和林黛玉有爱情,但没有婚姻;贾宝玉和薛宝钗有婚姻,但没有爱情;贾珍和秦可卿有了性,但不会有爱情,也不会有婚姻。整个《红楼梦》千红一哭。然而,《红楼梦》中还是有人很大胆地追求爱情的,小红就是典型的一位。她追宝玉不成恰好机缘巧合遇上了贾芸,一见就两情相悦。当然,书里说的是小红追宝玉是为了攀高枝。可见,小红的爱情也不是纯粹的。《红楼梦》里还有诸多种类的婚外情（比如，贾琏和尤二姐）和婚外性（比如，宝玉和袭人、贾琏和多姑娘等）。

爱情犹如烈火，性更是诸多家庭事端的导火索。婚姻、家庭、爱情和性的难以和谐，在经济理性支配下，传统文化主张压抑爱情（和性），就是为了稳定婚姻和家庭。这是家庭作为社会事业组织的必然，是传统社会里人们生计共同体的生存策略。如亨特·奥塔曼-斯坦福（Hunter Oatman-Stanford）所说："即使是现在，合法的婚姻并不是以两人之间的感情为衡量标准，而是看双方是否有能力共享社会保险和税收福利。"[1] 亨特·奥塔曼-斯坦福的话与费孝通的看法同理。

感情具有破坏性和创造性

在《家族》一章里费孝通分析了家族在中国乡土社会里的组织性质，即"事业社群"，而"凡是做事业的社群，纪律是必须维持的，纪律排斥了私情"。因此，为了更好地明白中国传统家庭和家族制度，必须给人与人之间的"感情"做个分析。可以说，在《乡土中国》里这一章是对上一章《家族》的延伸发挥。

---

[1] 引自 http://www.collectorsweekly.com/articles/how-romance-wrecked-traditional-marriage/。

什么是"感情"？费孝通从两个方面定义："心理学可以从机体的生理变化来说明感情的本质和种类，社会学却从感情在人和人的关系上去看它所发生的作用。"比如喜怒哀乐，都会引发生理的变化。但是，这些感情又总是发生在人事团体之中，并且影响着人事的关系，由此这些感情也与其他行为一样，在社会现象的层面获得了意义。一句话，感情是具有社会性的生理活动。

从心理方面说，感情是"一种体内的行为，导发外表的行为"。费孝通引用了威廉·詹姆斯（William James）的说法：

> 感情是内脏的变化。这变化形成了动作的趋势，本身是一种紧张状态，发动行为的力量。

这就是任何活动都要做动员工作的必要性，动员工作就是"煽情"。但是，情感工作者的工作可以通过锻炼让感情的表露根据需要随叫随到，依据如下：

> 如果一种刺激和一种反应之间的关联，经过了练习，已经相当固定的话，多少可说成为自动时，就不会发生体内的紧张状态，也就是说，不带着强烈的感情。

初次登台的新手不免紧张，老手就自如多了，也是这个道理。

费孝通是这样分析感情的：

> 这里所谓感情相当于普通所谓激动，动了情，甚至说动了火。用火来形容感情，就在指这动的势和紧张的状态，从社会关系上说感情是具有破坏和创造作用的。

费孝通的意思是，感情的这种破坏和创造作用，会改变人与人的关系，而淡漠的感情就会让关系比较稳定。纪律不能讲感情，"是排斥私情的"，"法不容情"就是这个意思。不过，传统社会里，在家族和家庭层面上，法更多地指"家法"或者"家规"。大家户据说家规都是很严的。

既然感情是破坏关系稳定的，那么，稳定社会就要抑制感情的发生。费孝通说：

> 稳定社会关系的力量，不是感情，而是了解。所谓了解，是指接受着同一的意义体系。同样的刺激会引起同样的反应。

这里的意思似乎是，了解是共享一种意义体系，但是了解并不能说不发生感情，只不过通过一个共识性的社会性意义体系，通过理性力量来让自己的行为符合这种同一的意义体系。费孝通这里没有很清楚地告诉我们这个了解该如何稳定社会关系。不过，他为了说明这一点，又回到了《文字下乡》里说的：

熟悉所引起的亲密感觉。亲密感觉和激动性的感情不相同的。它是契洽，发生持续作用；它是无言的，不像感情奔放时铿然有声，歌哭哀号是激动时不缺的配合。

其实，基于熟悉的亲密感情和激动意义上的感情的区分才是这里的要点。基于了解的亲密感觉是比较温和的，容易为理性所控制；而激情是强烈的感情，容易突破理性的控制，才是真正地破坏社会关系的力量。这样，费孝通接着就分析了两种文化模式：亚普罗式和浮士德式的感情文化模式。

两种文化模式里的感情

这两种文化模式是费孝通引自斯宾格勒的《西方的没落》一书，斯宾格勒说西洋曾有两种文化模式，一种是亚普罗式（Apollonian），一种是浮士德式（Faustian）。亚普罗式的文化认为，人在社会秩序里是被动接受者，宇宙的安排是一个完善的秩序，人只不过是接受它、安于它、维护它，甚至连维护的能力都没有。黄金时代已经过去，走出了伊甸园失去了天堂。可是现代的西方文化是浮士德式的：

> 他们把冲突看成存在的基础，生命是阻碍的克服；没有了阻碍，生命也就失去了意义。他们把前途看成无

尽的创造过程,不断地变。

因此,从崇尚三皇五帝的理想时代走下来的中国传统乡土社会,总想回到"周礼"的理想天堂的亚普罗式文化模式。而近代西方思想冲击下追求改革和自强的运动产生的新文化模式就是浮士德式的。这似乎也是中国正在走着的一个文化转型过程。

感情定向也就是一个人感情发展的方向,是受着文化的规定的。费孝通借用这个文化模式的划分:

> 了解乡土社会和现代社会在感情定向上的差别。乡土社会是亚普罗式的,而现代社会是浮士德式的。

先来看乡土社会里的文化对感情的定向。如费孝通的观察:

> 乡土社会是靠亲密和长期的共同生活来配合各个人的相互行为,社会的联系是长成的,是熟习的,到某种程度使人感觉到是自动的。只有生于斯、死于斯的人群里才能培养出这种亲密的群体,其中各个人有着高度的了解。好恶相投,连臭味都一般。

这只是说某种文化产生的条件,但是定向的文化还有着不同的土壤。俗语说,五里不同俗,十里改规矩。即使同是乡土社会，不同的地方依然风俗文化不同，对感情的定向也不同。比如，有些地方人们的情感就比较含蓄，有些地方就大胆直率。但是，在一个地方，尤其是一个村庄社群，因为空间上的毗邻，而且"村庄媒体"流动通畅，这样才让人们容易相互了解。这就是在空间上"人们生活在同一的小天地里，这小天地多少是孤立的，和别群人没有重要的接触"，乡土社会正合乎这种空间条件。然后从时间上，"每一代的人在同一的周期中生老病死，一个公式"。这样，即使不同年龄的人群之间有代沟，就是不容易理解对方，但是老年人依据自己的经验是可以理解年轻人的，"甚至可以预知年轻人将要碰着的问题"。这样年龄造成的"隔膜"也将不成为问题。年轻人把年长人当作自己的生活蓝图来参考，看到自己未来的图景。

既然时间和空间上都不构成人们了解的障碍，那么就没有阻碍了吗？如果有阻碍又在哪里呢？费孝通拖出了主题：男女有别，因为"乡土社会中阻碍着共同生活的人充分了解的却是个人生理上的差别"。男人永远理解不了女人，女人也永远无法真正了解男人，这是上帝造人时候就播下的基因。女人只是男人的一根肋骨，上帝抽下来造了女人，陪伴男人。

> 永远划分着人们生理差别的是男女两性。正因为还没有人能亲身体会过两性的差别，我们对于这差别的认识，总是间接的；所能说的差别多少只限于表面的。在实际生活上，谁也会感觉到异性的隔膜，但是差别的内

容却永远是个猜想，无法领会。

这道性别鸿沟是了解无法跨越的障碍。费孝通说："只在他们理想的天堂里，这鸿沟才算被克服：宗教家对性的抹杀，不论自觉或不自觉，绝不是偶然的。"

我不是很理解这句话的根据，没有觉得宗教家有对性的抹杀。这里且存而不论吧。

虽然男女性别鸿沟难以跨越，但是生育繁衍是需要两性的结合的。"这一种结合基于异并非基于同"，这种"异"决定了双方充分了解是困难的。我怀疑事实上，即使同性之间的充分了解也是不可能的。而我们的生活其实是不必要充分地一览无余地了解的。当然父子之间、最好的朋友之间多了解可以多理解对方，还是需要的。而两性之间的了解"是需要不断地在创造中求统一，是浮士德式的企图"：

> 浮士德是感情的象征，是把感情的激动，不断的变，作为生命的主脉。浮士德式的企图也是无穷止的，因为最后的统一是永远不会完成的，这不过是一个求同的过程。

而且，在这个过程中：

> 男女的共同生活，愈向着深处发展，相异的程度也愈是深，求同的阻碍也愈是强大，用来克服这阻碍的创

造力也更需强大，在浮士德的立场说，生命力也因之愈强，生活的意义也因之愈深。

这样就更容易明白了，为什么古人的生育繁衍没有把"恋爱"重视起来，而且更多的是阻挠和抑制。儒家文化的"男女授受不亲"和对闺阁女子的活动的限制，就是在减少可能发生"爱情"的激动情感之情景。因此，费孝通说：

> 把浮士德式的两性恋爱看成是进入生育关系的手段是不对的。恋爱是一项探险，是对未知的摸索。

这里把恋爱和友谊（情感）做了区分："友谊是可以停止在某种程度上的了解，恋爱却是不停止的，是追求。"恋爱"这种企图并不以实用为目的，是生活经验的创造（比如，郑渊洁说：早恋是人生一大财富。——笔者注），也可以说是生命意义的创造，但不是经济的生产，不是个事业"。这与家庭和家族作为事业社群是不一致的。

我觉得费孝通对恋爱的描写和洞察确实是深入和富有启发性的。恋爱中的人是失去理智的，恋爱怎么可能是理性的事业呢？他说：

> 恋爱的持续倚于推陈出新，不断地克服阻碍，也是不断地发现阻碍，要得到的是这一个过程，而不是这过

程的结果。从结果说可以是毫无成就的。非但毫无成就，而且使社会关系不能稳定，使依赖于社会关系的事业不能顺利经营。

因此，中国"五四运动"思想启蒙后，自由恋爱而私奔的明显增多。故而"依现代文化来看，男女间感情激动的发达已使生育的事业摇摇欲坠"。

男女有别的原则

如果我们关注一下当下离婚率的直线上升、居高不下，就可以发现传统价值观为了维护家族及家庭这个事业社群而做出的抑制激动"爱情"的努力的意义所在了。当然，每个人对此的反应不同，有人认为不必像传统的人们凑合过日子，可以自由寻找自己的爱情；也有人认为离婚对子女、家庭都有伤害。不管怎么样，在传统的乡土社会里，是不会有这样高的离婚率的：

> 在乡土社会中这种（浮士德式的）精神是不容存在的。它不需要创造新的社会关系，社会关系是生下来就决定的，它更害怕社会关系的破坏，因为乡土社会所求的是稳定。

稳定的家庭关系也是社会稳定的基础力量。所以，乡土社会里需要的是亚普罗式的情感。

> 男女间的关系必须有一种安排，使他们之间不发生激动性的感情。那就是男女有别的原则。

那么，男女有别是指什么呢？费孝通说：

> "男女有别"是认定男女间不必求同，在生活上加以隔离。这隔离非但有形的，所谓男女授受不亲，而且是在心理上的，男女只在行为上按着一定的规则经营分工合作的经济和生育的事业，他们不向对方希望心理上的契洽。

夫妻讲求的是举案齐眉、相敬如宾。进而，女子出了嫁当媳妇，就要成为"内人"了，主要在家里，不抛头露面，所以古人称呼老婆为"内人"或者"内子"，更有甚者称为"贱内"，总之都是在"内"，以防到了"外"面，招蜂引蝶。对照而言，丈夫就是"外人"或"外头人"，承担抛头露面的事情，经营家庭外面的事业，这是男人的责任。

这也就是前面章节里说到的，如果男子老待在家里，不是被认为是个"暖男"、好男人，而是会被认为没出息的。他们就是出去晃荡，出去聚友吃喝，也比在家锅前转到锅后头好。

七　男女有别：爱情崛起

在乡土社会的社会结构上，如费孝通的观察，是同性之间的组合：

> 同性组合和家庭组合原则上是交错的，因为以生育为功能的家庭总是异性的组合。因之，乡土社会中"家庭"的团结受到了这同性组合的影响，不易巩固。于是家族代替了家庭，家族是以同性为主、异性为辅的单系组合。中国乡土社会里，以家族为基本社群，是同性原则较异性原则为重要的表示。

实际上，就是以父系一方的男性们经营外部社会事业，以婆婆为首的母系一方在家处理内务。男耕女织大概是这种两性各为一系的合作事业经营所需要的结构。

同性原则的负面影响

在费孝通看来，这种同性原则会造成乡土社会里人们感情的定向朝着同性方向发展：

> 变态的同性恋和自我恋究竟普遍到什么程度，我们无法确说；但是乡土社会中结义性的组织，"不愿同日生，但愿同日死"的亲密结合，多少表示了感情方向走

入同性关系的一层里的程度已经并不很浅。

费孝通举了华南的姊妹组织以及女性文学里的冯小青式的自恋声调作为这种发展的极端例子。这就是中国人的很少得到分析的情感问题。水泊梁山几乎是男人的世界，而《红楼梦》里的大观园，几乎就是女子的世界。

不过，我觉得费孝通这个观察是有问题的，如果他能够看到美国20世纪60年代的自由运动中的同性恋运动，就会发现同性恋和自我恋爱并不是因为乡土社会的"男女有别"原则造成的。即使是情感自由发展的美国，也同样存在这个问题。看看美国大学里的同学会，多是各种类型的兄弟会和姊妹会。世界各地类似于结义组织的多数都是同性的原则，比如历史学家霍布斯邦的《匪徒》一书里，说世界历史上各地的匪帮，都是以男性青壮年群体为主的组织。虽然有些也有女子加入，但非常少。

同性原则还带来另一个后果：

> 缺乏两性间的求同的努力，也减少了一个不在实利上打算的刺激。中国乡土社会中那种实用的精神安下了现世的色彩。

就是说，两性之间的结合皆是本着"实用主义"原则的。其实,根据伊丽莎白·阿伯特在《婚姻史》[1]一书里所说,在有记载的人类历史上,大多数婚姻都是为了最大化稳定财产的安排。我们中国传统中的婚姻都是要讲"门当户对"嘛。费孝通回到儒家的文化传统来说这种实用主义的根源:

> 儒家不谈鬼,"祭神如神在",可以说对于切身生活之外都漠然没有兴趣。一般人民更会把天国现世化:并不想把理想去改变现实,天国实现在这世界上,而把现实作为理想的底稿,把现世推进天国。

这样理解男女有别原则,就是为了实用的目的,"对生活的态度是以克己来迁就外界,那就是改变自己去适合于外在的秩序"。这就是古典的亚普罗式的情感方式。但从阿伯特的《婚姻史》我们可以看出,费孝通批评中国的男女有别原则的实用精神是不太公平的。人类的婚姻史告诉我们,因为家庭(或者家族、部落等)作为事业单位,婚姻更多的是为了双方的经济关系。

总之,在传统的乡土社会里,为了稳定社会结构和秩序,就以各种方式规定着"个性","一切足以引起破坏秩序的要素都被遏制着。男女之间的鸿沟从此筑下"。结论就是"乡土社会是个男女有别的社会,也是个安稳的社会"。

---

[1] [加]伊丽莎白·阿伯特著:《婚姻史》,孙璐译,北京:中央编译出版社2014年版。

可是，在走出乡土社会的过程中，男女有别的原则在消失，这种"安稳的社会"似乎也在历史的烟雾中愈加模糊。

工业化社会里爱情的崛起

什么是爱情？据说是一种化学反应的分泌物使人产生的感觉。这种分泌物是多巴胺（Dopamine），属于神经递质，可影响一个人的情绪。爱情为什么会产生，这是自然、上帝、造物主的事情，也可以用进化论来解释，就是为了吸引两性结合繁衍后裔。可是爱情，在漫长的历史中，在传统文化里皆为了稳定婚姻（主要是财产关系）而被抑制，直到近代工业社会的崛起，首先在西方，然后到东方，爱情开始觉醒。

如《婚姻史》一书所说，"为爱结婚"这一观念是非传统的，是现代的。传统社会中结婚极少是"为爱情的"。即使英国维多利亚女王与阿尔伯特王子在1840年（鸦片战争那年）的结合，也只是为了签署协议，是王室一手包办的。《婚姻简史：爱情怎样征服了婚姻》[1]的作者斯蒂芬妮·库茨说，在数千年的历史上，爱情都是被看作婚姻的障碍。

随着工业化的发展，城市化的进程中，年轻男女逐渐得

---

[1]［美］斯蒂芬妮·库茨著：《婚姻简史：爱情怎样征服了婚姻》，秦传安、王璠译，北京：中央编译出版社2009年版。

到自由雇佣，不再依赖家庭财政生活，他们才逐渐把爱情作为婚姻的条件找了回来。但人们依然非常担心浪漫爱情会破坏婚姻和家庭，这种担心也不是空穴来风。在自由恋爱的现代社会，结婚率越来越低，离婚率越来越高，单亲家庭也越来越多，带来的社会问题越来越糟糕。比如美国，在20—49岁年龄段的男性中，专业技术和管理阶层中已婚人士有59%，工匠阶层为48%，服务业阶层则仅有32%。这三个比例，都是1880年以来的历史最低点。现在美国四分之一的孩子成长于单亲家庭。这是诸多社会问题之源。

中国的情形也在这个大趋势中。西方的自由恋爱和婚姻价值观进入中国，20世纪"五四青年"一代开始"爱情的觉醒"，而这种觉醒首先发生在物质上较富有、文化上受到较好教育的青年人中间。巴金的小说《家》也是描写那个时期青年人情感觉醒反抗传统婚姻的代表作品之一。但是，在自由恋爱还未展开之际，以组织安排为主流的婚姻取代了传统的父母之命媒妁之言，多少个革命家庭就是组织安排的婚姻。

20世纪80年代的改革开放，让中国的人口流动慢慢地自由起来，工业化进程加快，城市化迅猛发展，催生了新一代"80后"的青年人开始把爱情作为婚姻的主要考虑因素。但是房子和车子的问题，实际上把浪漫爱情和婚姻再一次断裂开来。爱情与婚姻就如同难以合辙的难兄难弟一样，总是结合不到一起。嫁给爱情，但是爱情是最靠不住的，甚而可以转瞬即逝，所以，女性的理性是嫁给房子和车子。激情需要，但不是常态的需要,只能是点缀。

广大乡村年轻人进城打工相聚在一起后,为自由恋爱提供了条件。这样,父母之命媒妁之言的婚姻几乎很少了,婚姻圈半径增长极大,也就是一个人的配偶家到自己家的空间距离,传统上一般在十公里以内,现在是数百里、几千里都不在话下。当然,这样的远距离结婚,双方的亲属关系也就松散了,来往不会那么频繁。松散的亲属关系约束,也让离婚更容易。尤其在物欲膨胀的时代,人们更容易在光怪陆离、充满诱惑的环境中,迷失自我。在网络助力下,"一夜情"(one night stand)成了新时尚。婚姻已经不再那么神圣。任何事情总可以找到借口,爱情可以至上,家庭也可以至上,婚姻保卫战成了自由恋爱"释放了激情"的代价。

世上没有不用付出代价的东西。婚姻和爱情似乎一个是责任,一个是感情的平衡问题。感情是飘忽不定的,而责任是稳定的。在传统社会中,妇女处于两性之中的弱势地位。现代社会女性在经济地位和社会地位上的提高也让她们在家庭中的地位提高了,但这并不能保证情感上就一定幸福了。确实月下老人常常乱点鸳鸯谱,虽然我们怀着美好的祝愿:"愿天下有情人终成眷属!"

回到费孝通的"男女有别"原则在中国传统乡土社会的功能,不能不说是一种文化功能的需要。对漫长的人类历史中"男女有别"基础上的男女不平等,我们在现代历史上做过为"解放妇女"的"同工同酬"试验,以求男女平等。按照玛格丽特·米德在《三个原始部落的性别与气质》中所说：

> 消除男女性别人格间的差异，也许意味着文化复杂性的随即丧失。……这本身就需要文明为之付出高昂的代价。[1]

当然这不仅仅是从"情感"角度来说的，而是从"男女有别"的诸多方面说的，在职业、教育、社会公共事务参与等多个方面，男女都因为性别的差异而有着不同的规范。比如古代所说的"女子无才便是德"（《红楼梦》里就这么说过，当然是作者所要反对的，《红楼梦》里才女很多呀），以及妇女的"三从四德"等。

任何制度的安排都有代价。让激情任性，肯定有它的代价。乡土社会里为了"婚姻"而压制"爱情"，也是为了家庭组织的稳定而专横地规范"性"和"情"。是耶？非耶？进步也？落后也？只能各人根据自己的经历和智慧，有自己的主张！这是走出乡土的人们面临的又一个挑战，即责任与情感的平衡。

---

[1] [美]玛格丽特·米德著：《三个原始部落的性别与气质》，宋践等译，冯钢校，杭州：浙江人民出版社1988年版，第302页。

八　礼治秩序：法治社会

"法治"对"礼治"：有"人治"吗？

我们都说要建设法治社会，杜绝人治。"法治"和"人治"这两个词似乎是相对立相对称的。我们通常认为，传统社会是人治社会，现代社会应该是法治社会。那么从传统走向现代的社会，是人治走向法治的社会吗？这两个词确实是相对而成的吗？究竟与"法治"相对的是"人治"，还是其他的概念？让我们来看70年前费孝通的回答。

按照费孝通的说法，这种"人治"和"法治"的概念是不清楚的。他说：

> 法治的意思并不是说法律本身能统治，能维持社会秩序，而是说社会上人和人的关系是根据法律来维持的。法律还得靠权力来支持，还得靠人来执行，法治其实是"人依法而治"，并非没有人的因素。

一切活动都是人来做的，社会的运行和秩序还在于人本身。并不能因为有人的因素在，就说是人治。法治也是人在"依法而治"。费孝通说：

> 现代论法理的学者中有些极重视人的因素。他们注意到在应用法律于实际情形时，必须经过法官对于法律条文的解释。法官的解释的对象虽则是法律条文，但是决定解释内容的却包含很多因素，法官个人的偏见，甚至是否有胃病，以及社会的舆论都是极重要的。

这样说，是不是因为有人的因素就可以说是"人治"呢？法理学家们因"人的因素"会认为"法律不过是法官的判决"，但是"这自是片面的说法，因为法官并不能任意下判决的，他的判决至少也须被认为是根据法律的，但是这种看法也告诉我们所谓法治绝不能缺乏人的因素了"。

这就是说，法治虽然有人的"判断"的背后因素，但必须是"依据法律"的，所以，依然是法治，而不是人治。

用皇帝的"口谕""圣旨"，甚至太后的"懿旨"等来维持社会秩序，这种治理就是"人治"。从本质上言，人治就是靠唯长官意志的马首是瞻进行的活动来运转社会。人治要么是靠"世袭"权力，要么是靠个人魅力，要么是靠背后的暴力（或者叫"伤害能力"，如果不遵从长官意志，长官则有伤害他们的能力，而他们却没有抵制的能力）。某些腐败官僚说的话和做的事,就体现着人治性质。比如,他们说:"我说的就是法律。"纸上的法律条文对他们来说都是空话。

我们来看同样是离不开人的因素的法治,到底和人治有什么区别。费孝通说:

> 如果人治是法治的对面,意思应当是"不依法律的统治"了。统治如果是指社会秩序的维持,我们很难想象一个社会的秩序可以不必靠什么力量就可以维持,人和人的关系可以不根据什么规定而自行配合的。

这里费孝通假定说"统治是指社会秩序的维持",其实这个统治概念太狭隘了,至少还有秩序的打乱与重组。在这个逻辑下,我们看他继续怎样说的:"如果不根据法律,根据什么呢?望文生义地说来,人治好像是指有权力的人任凭一己的好恶来规定社会上人和人的关系的意思。"实际上,不是好恶,而是利益或者利害决定了长官的"人治"。比如近期我读了欧逸文(Evan Osnos)的《野心时代》(*Age of Ambition*)[1],书里面就有对中国官场和社会运作的描写,借用他采访的人的话说,就是对某官员有利的法律条文,该官员就可以让其发挥作用;若对之无利或有害,则视若无物,或恶意篡改。

---

[1] Evan Osnos, *Age of Ambition: Chasing Fortune, Truth, and Faith in the New China*, New York: Farrar, Straus and Giroux, 2014.

当然，他的上司也会这么做，都是有选择性的，这样就是一个有规则（潜规则）和无规则（无视规则）之间的博弈。这就是所谓的"人治"社会秩序。

费孝通说："我很怀疑这种'人治'是可能发生的。"他这么说是有他的理由的：

> 如果共同生活的人们，相互的行为、权利和义务，没有一定规范可守，依着统治者好恶来决定。而好恶也无法预测的话，社会必然会混乱，人们会不知道怎样行动，那是不可能的，因之也说不上"治"了。

这里费孝通显然把人治和法治再一次作为纯粹理想类型概念看待了。社会秩序形成的来源是多方面的，比如：强制、互惠和习俗，在社会秩序形成中都可独立发挥作用。即使所谓的西方法治社会，也同样离不开这三个因素发挥的作用。

我们这里所说的人治，不仅仅是根据统治者（或者说实际权力运作者）的好恶，更重要的是利益，来操纵法律的解释和实施，或者干脆无视法律。社会现实回答了这个问题，答案是肯定的。我颇怀疑费孝通论述这个问题的时候，是否慎重思考了中国历史上法律条文的存在与实际实行的矛盾事实。国民政府也有着宪政和法律，而各地不听南京政府、地方不遵守法规的事实，费孝通显然没有考虑。即使乡土社会没有现代意义上的"法律"，但不是没有"王法"。"王法"的执行就走了样,因为实际上是"人治"。

举一个"人治"的例子,而且是在中国现代乡村社会里发生的,一部分农村低保是谁拿走了?这似乎是个公开的秘密。为什么有些真正需要低保的人们往往得不到,反而是有权有势的人拿走了?条文规范都在,事实却是无视规则。这就是"潜规则"在发挥作用,这是互惠和强制结合的产物。当家审批者与拿低保的权势人物家庭之间是一种互惠关系。

费孝通显然不是朝这个方面思考,而是要论述乡土社会里的"礼治"——接近实现社会秩序的力量之"习俗"。事实表明,尽管费孝通在概念上要把"法治"概念与"礼治"相对,对得工整,但是社会事实却让人们一再地把"法治"与"人治"相对,虽然法治离不开人的因素,但这否定不了"人治"存在的事实。

维护社会秩序的力量

费孝通说:"所谓人治和法治之别,不在人和法这两个字上,而是在维持秩序时所用的力量和所根据的规范的性质。"这个区分是有用的,等于承认了"人治"的存在。但是,接下去讲的是从传统到现代社会变迁中,社会秩序的维持力量不同了。为了讲中国乡土社会,再一次对比了美国的现代社会。

自发秩序是自由经济学的理论前提。亚当·斯密作为经济学之父，提出了"看不见的手"的观念，后来的哈耶克无疑对这一自发秩序学说发挥得更深远。但是，这种理想化的小国寡民的自然秩序，中国古代哲人老子早就提出了。费孝通说："乡土社会秩序的维持，有很多方面和现代社会秩序的维持是不相同的。"这是正确的观察。

可是所不同的并不是说乡土社会是"无法无天"，或者说"无须规律"。的确有些人这样想过。返朴回真的老子觉得只要把社区的范围缩小，在鸡犬相闻而不相往来的小国寡民的社会里，社会秩序无须外力来维持，单凭每个人的本能或良知，就能相安无事了。

接着，就又说到现代美国：

就是在现代交通之下，全世界的经济已密切相关到成为一体时，美国还有大多数人信奉着古典经济学里的自由竞争的理想，反对用人为的"计划"和"统制"来维持经济秩序，而认为在自由竞争下，冥冥之中，自有一双看不见的手，会为人们理出一个合于道德的经济秩序来的。

这样的社会是无政府状态的理想社会，是一种自然秩序，"一种不需规律的秩序，一种自动的秩序，是'无治而治'的社会"。

这种自然状态实际上是不可能的，虽然习俗可以对秩序发挥一定的作用，但一旦社群规模够大，不可没有一个共同的契约和执法机构——国家政府的存在。美国社会显然不是无政府社会，尽管其传统是力争限制政府，要小政府。在此篇文章里，费孝通并没有讲多少美国的"法治"，也没有讲美国社会秩序的力量来源，而是仅说了一些美国人的自由竞争、自发秩序的理想状态，就此而止。

我们也先循此思路来看中国乡土社会的"礼治"。

乡土中国的礼治秩序

在乡土社会中，如果"我们把法律限于以国家权力所维持的规则"，"我们可以说这是个'无法'的社会"，"但是'无法'并不影响这社会的秩序，因为乡土社会是'礼治'的社会"。

当然，这种礼治社会是在有国家法律和政府前提下的"礼治"。也就是在日常生活中，是以成俗的"礼"为交往规则的，不是没有"规矩"的社会。法治社会对违反法律的犯法者要惩罚，甚至执行死刑。那么，"礼治"社会是不是就温文尔雅，一派祥和呢？不是这样的，费孝通首先声明："礼治社会并不是指文质彬彬，像《镜花缘》里所描写的君子国一般的社会。"

> 礼的内容在现代标准看去，可能是很残酷的。残酷与否并非合礼与否的问题。

我们通常说一个人有"礼貌"，是文明的象征。然而，在一般的社会中，"礼"是这样的：

> 礼并不带有"文明"，或是"慈善"，或是"见了人点个头"、不穷凶极恶的意思。礼也可以杀人，可以很"野蛮"。

这容易让人想起鲁迅说的封建礼教"吃人"的一面来。费孝通举了印度和缅甸的例子：

> 譬如在印度有些地方，丈夫死了，妻子得在葬礼里被别人用火烧死，这是礼。又好像在缅甸有些地方，一个人成年时，一定要去杀几个人头回来，才能完成为成年礼而举行的仪式。我们在旧小说里也常读到杀了人来祭旗，那是军礼。

看来，"礼"并不一定是文明的东西，旧时的礼有更多的残酷成分。费孝通说，即使孔子有恻隐之心，也没有使他同意取消相当残忍的行为。这和法律中的惩罚功能大概是一致的，是以一种强制力维持一种秩序：

> 礼是社会公认合式的行为规范。合于礼的就是说这些行为是做得对的，对是合式的意思。如果单从行为规范一点说，本和法律无异，法律也是一种行为规范。

那么，礼和法不同的地方在哪里？在于维持规范的力量：

> 法律是靠国家的权力来推行的。"国家"是指政治的权力，在现代国家没有形成前，部落也是政治权力。而礼却不需要这有形的权力机构来维持。维持礼这种规范的是传统。

这符合马克斯·韦伯的三种统治类型中的传统型（另外两种是个人魅力型和法理型）。

这里理论上"礼"的力量是传统赋予了"礼"的规范的合法性，社会群体压力才是实现"礼"的现实力量。"传统是社会所累积的经验"，也即是应付生活累积起来的办法，这是功能主义者为传统的合法性以及现实社会结构和文化的保守性赋予的解释，类似于"存在的都是合理的"。

传统是社会秩序的再生产中经验的累积和调整。因为"行为规范的目的是在配合人们的行为以完成社会的任务，社会的任务是在满足社会中各分子的生活需要"，所以传统是在人们相互配合向环境索取资源的行为中发生的，不是个人自行规划的，而是实践先于规范、然后累积的文化。这种帮助人们生活的方法：

从每个人说，在他出生之前，已经有人替他准备下怎样去应付人生道上所可能发生的问题了。他只要"学而时习之"就可以享受满足需要的愉快了。

没有哪个社会没有传统，即使现代社会也离不开传统，传统文化依然发挥着作用。其实，法治本身也可以成为传统。不过在前现代的乡土社会里，传统文化的力量更大、更重要。这都是相对而言的。现代社会传统也在不断更新，比如中国就有民国前的传统，1949年前的传统，1949年到改革开放的传统。

乡土社会是安土重迁的，生于斯、长于斯、死于斯的社会。不但是人口流动很小，而且人们所取给资源的土地也很少变动。在这种不分秦汉、代代如是的环境里，个人不但可以信任自己的经验，而且同样可以信任若祖若父的经验。一个在乡土社会里种田的老农所遇着的只是四季的变换，而不是时代变更。一年一度，周而复始。前人所用来解决生活问题的方案，尽可抄袭来作自己生活的指南。愈是经过前代生活中证明有效的，也愈值得保守。于是"言必尧舜"，好古是生活的保障了。

因此，孔子在《论语·述而》里说："述而不作，信而好古。"孔夫子面对春秋混乱局势，要"郁郁乎文哉，吾从周"。

事实上，在传统社会里，因为环境变化的缓慢，人们应付生活的一套文化和规范也就变化很小了。当事人往往意识不到有什么变化，但是变化缓慢并不等于不变化。宋朝的社会生活与唐朝的就很不一样，唐朝的文化就比宋朝的文化开放得多，比如唐高宗李治娶了父亲太宗李世民的小老婆武则天，唐玄宗李隆基娶了原来的儿媳妇杨贵妃。两宋时期及之后，这样的文化就销声匿迹了。女人缠小脚的文化却出笼了，直到晚清和民国，才在西方冲击下废除了缠小脚这一恶俗文化。

这就是说，传统社会也不是一成不变的，但因为其变化缓慢，对一代人而言，几乎感受不到，能够赶上改朝换代大变革时代的人毕竟是少数，总体文化是"天不变，道亦不变"。在传统社会中，想做点改革，难乎其难，即使环境变化了，要求新文化适应新环境，传统也是惰性极大，阻力重重。

我记得，小时候，家里遇到个什么事，我母亲没有经历过的，就去请教我奶奶，看她老人家经验多，是否有应对措施。这是靠"老辈子人积累的经验"。

费孝通举了一个他经历的"传统土方治病的事情"：

> 我自己在抗战时，疏散在昆明乡下，初生的孩子，整天啼哭不定，找不到医生，只有请教房东老太太。她

一听哭声就知道牙根上生了"假牙",是一种寄生菌,吃奶时就会发痛,不吃奶又饿。她不慌不忙地要我们用咸菜和蓝青布去擦孩子的嘴腔。一两天果然好了。

这是地方性知识,因为"这地方有这种病,每个孩子都发生,也因之每个母亲都知道怎样治,那是有效的经验"。不需要到卫校里去学习,也不必懂其原理。"只要环境不变,没有新的细菌侵入,这套不必讲学理的应付方法,总是有效的。既有效也就不必问理由了。"这个"不必问理由"大概也是中国难以产生现代科学的缘故。

礼治就是这种因循了传统的行为模式,形成了社会秩序。"像这一类的传统,不必知之,只要照办,生活就能得到保障的办法,自然会随之发生一套价值。"这种传统的方法,不究其理由,只管其效果,因其"灵验",还产生了某种敬畏或者迷信,"说含有一种不可知的魔力在后面"。而现代的法律,都是有法理依据的,不是仅靠传统加上神秘色彩,就可以形成应付社会秩序的办法。

对传统的敬畏,会转化成一套礼的"仪式"。"如果我们在行为和目的之间的关系不加推究,只按着规定的方法做,而且对于规定的方法带着不这样做就会有不幸的信念时,这套行为也就成了我们普通所谓'仪式'了。"礼本身就是按着仪式做的意思,通常我们说"礼仪"。"礼字本是从豊从示,豊是一种祭器,示是指一种仪式。"

礼虽然是靠着传统力量来实施的，但是它主要是把传统内化为个人的价值和规范取向。因此，费孝通说："礼并不是靠一个外在的权力来推行的，而是从教化中养成了个人的敬畏之感，使人服膺；人服礼是主动的。"但是，我怀疑，对于那些如殉葬的礼，被活埋者也会主动？更合理的解释应该是，对这种从现在人道主义角度看不人道的"礼"，是被迫的，甚至强制执行的，如同法律的强制执行一样。

人们对于那些温和性的"礼"大概是比较主动地接受的，甚至"礼是可以为人所好的，所谓'富而好礼'"。费孝通说："孔子很重视服礼的主动性。"例如孔子说"克己复礼为仁""仁者爱人"，"仁"是孔子学说的核心，是讲"爱"的。我想这种礼大概是周代别尊卑的和交往礼节性的"礼"，不是不人道的"礼"。不知这方面的专家如何看。但是，后孔子时代，礼是在不停地演化着的。不管怎么说，这种乡土社会的秩序，就是靠着这些"礼"来维护着的。比如家族祭祀，就是一种"礼"。小说《白鹿原》中的白嘉轩是一个典型的遵从"礼治秩序"的人物。可是，共和革命，让这种礼治乱了根基，他的儿子白孝文本来是族长接班人，却成了反叛者。传统礼治秩序在法治未来之时，已经崩塌。这也是当下社会秩序比较混乱的原因之一，这种混乱让"人治"有了更好的环境来滋长。

礼、法律与道德

礼显然不同于法律，但又不同于道德。同样是规范人们的行为，这三者有什么不同呢？

首先看力量的来源，这决定着人们对待它的态度。按照费孝通所说："法律是从外限制人的，不守法所得到的罚是由特定的权力所加之于个人的。"这就是说法律的力量外在于人，认同不认同这个规范都没有关系，违反了是要受惩罚的。"人可以逃避法网，逃得脱还可以自己骄傲、得意。"这就是人们对待法律的态度。那么，道德呢？"道德是社会舆论所维持的，做了不道德的事，见不得人，那是不好；受人唾弃，是耻。"其实这个不一定完全在于社会舆论的力量，中外哲人都认为人本身有天然的"良知"，中国哲人王阳明就是这样认为的，他的著名的理论就是"致良知"；中国还有句老话，叫作"举头三尺有神明"。在西洋，康德敬畏的是天上的星星和心中的道德律。亚当·斯密的思想影响了康德，亚当·斯密认为，人本身内心有一个公正的观察者，老在看着我们，判断着是非（a watchful and judgmental impartial spectator）。所以，道德的约束力量不仅仅来自社会舆论，个人内心的"良知"也在发挥着巨大的作用。这种良知，犹如上帝。

法律的力量来自外界的权力，可以逃避，监督成本高，而道德则来自社会舆论和自身良知，犹如无处不在的上帝，监督成本低。但是，在利益驱使下，如亚当·斯密论述的，道德会被突破，不是那么靠得住。那么，"礼"呢：

> 礼则有甚于道德：如果失礼，不但不好，而且不对、不合、不成。这是个人习惯所维持的。十目所视，十手所指的，即使在没有人的地方也会不能自已。……礼是合式的路子，是经教化过程而成为主动性的服膺于传统的习惯。

明清之际的思想家王夫之曾这样感叹说："人死于法犹有人怜，死于礼其谁怜之。"可见礼的内在性力量和社会道德舆论的压力是多么大，违法的不一定违反礼。而礼是更为人们所认同，所不可逾越的规范。就如同费孝通所说的，逃脱了法网还可以自夸为聪明、有能耐，而礼却会导致内心的愧疚不安和羞耻感。也正是这种具有霸道性的礼教，曾经吞噬了多少善男信女的性命，造成了多少忠臣烈女自愿地成了礼教的牺牲品。

回到费孝通的礼的概念，我觉得他说的"礼"在某种程度上是道德的仪式化，其实包含了社会习俗和道德规范。因为在西方文化里，没有"礼治"这个概念，这个概念是费孝通的独创，但不能很好地区别出道德与"礼"，这两者都在演变，符合礼的是否就符合道德？不符合礼的是否就不符合道德？这些显然与一个社群的价值观念和文化有关。西方不是没有"礼",法国社会学家涂尔干(也有人译为"杜尔克姆"或"杜尔凯姆",三大古典社会学家之一)在《宗教生活的基本形式》中就对宗教仪式对社区群体的集体认同和秩序的功能有深刻的分析。这种仪式可以增强集体的团结和强化秩序。这大概可以类比费孝通的"礼治秩序":

> 礼治在表面看去好像是人们行为不受规律拘束而自动形成的秩序。其实自动的说法是不确,只是主动地服于成规罢了。孔子一再地用"克"字、用"约"字来形容礼的养成,可见礼治并不是离开社会,由于本能或天意所构成的秩序了。

也即是说,礼是人的内外力量共同作用的,通过教化内在于心,形成习惯;同时也需要外界的约束,一旦脱离了外在约束,越"礼"行为则容易发生。不同地方的"礼"也有所不同,俗话说:"五里不同俗,十里改规矩。"所以,一旦人口地域间流动性大了,这个礼的约束自然就要调整了。

走向法治的必然性

现代社会不是乡土社会,中国人口已在大规模地走出乡土。乡土社会里,因为变迁得缓慢,靠着传统比较容易应付生活。"礼治的可能必须以传统可以有效地应付生活问题为前提。"可是,"在一个变迁很快的社会,传统的效力是无法保证的"。

环境改变了,最重要的是团体合作范围的增大,"应付的问题如果要由团体合作的时候,就得大家接受个同意的办法,要保证大家在规定的办法下合作应付共同问题,就得有个力量来控制各个人了"。"利维坦"式的国家诞生,就是应对这种个人让渡出来的权力,维护公共生活的契约制度。这就是法律的出现,在国家权力下通过对法律的执行来规范社会秩序,就是所谓的"法治"。

对照法治而言的"礼治",在费孝通看来,"这里所谓礼治也许就是普通所谓人治,但是礼治一词不会像人治一词那样容易引起误解,以致有人觉得社会秩序是可以由个人好恶来维持的了"。其实,费孝通的担忧不无道理,不过把人治与礼治混淆一起,也是不可取的;人治不是根据所谓传统,而是根据"利益"考虑。当然,人治并不是说人想干什么就能干什么,毕竟各种利益和力量也在牵制着。因为中国官大一级压死人的传统,处于上位的人更容易根据自我利益规范社会秩序,分配社会利益;下级官吏若为自身利益,马首是瞻,结成同盟,那就是一个个大大小小的"王国",每个"国王"在自己的一亩三分地里都是"朕即国家",出口成圣旨,这就是典型的人治。

我们这样说,并不否认礼治的存在,也不否认礼治是社会秩序的一个力量来源。"礼治社会并不能在变迁很快的时代中出现的,这是乡土社会的特色。"这种说法是准确的,也正因此,在现代中国社会,实现法治则是不可逆的大趋势。

"礼崩乐坏"的新时代

乡土社会的"礼",更大意义上是不平等社会里别尊卑的仪式。孔夫子时代是一个"礼崩乐坏"的大时代,周天子的尊位不被重视,各方诸侯以实力逐鹿中原。晚清以降的近代中国,如李鸿章所说的"处数千年未有之大变局",是又一次"礼崩乐坏"的大时代。

我们常说,中国乃"礼仪之邦"。何谓礼仪?礼的原意是"表敬意,表尊敬、崇敬之意",最初用于敬神、敬祖,后来也移用于对他人的尊重。礼仪的功能是什么?提供一种秩序。因为社会是等级的社会,礼以高下亲疏有别的方式对待他人,礼仪也便有了等级、秩序规范的意思。仪是外在的东西,是礼的形式,或为礼节、仪式,或为容貌举止。在皇权等级社会里,通过那些所谓的繁文缛节,别尊卑,划贵贱,从而达到"君君臣臣父父子子"。就像拜神一样,通过这个"拜"的仪式才会产生对神灵的"敬"和"畏"。从而位尊者有了尊贵的"形象",位卑者也形成了对奴仆地位的认可。用社会学家科林斯的术语说,就是位尊者通过礼节仪式获得了"情感能量",得到了满足，位卑者消散了"情感能量"，从而就只能拜在下风了，位尊者达到了控制位卑者的目的。这些"礼"确实对等级社会的维护太重要了。这也就是费孝通所说的"礼治秩序"。因此，春秋战国时候周礼维持的贵族统治遇到了危机，造成了"礼崩乐坏"，让当时已是破落贵族子弟的孔夫子奔走呼告，恢复旧制，克己复礼。我觉得，晚清以降是又一次的"礼崩乐坏"。周天子的"礼"是受到了诸侯的挑战而崩坏，专制皇权的"礼"是受到来自西洋的平等制度和思想的挑战而崩坏。

回到乡土社会来说，那是一种流动性很低、在空间和时间上都非常静态的熟人社会，这样的社会里才能产生礼治的秩序。现代社会工业化和城市化，加上全球化，现代交通和媒体，互动交流工具比如手机、电话等，极大地改变了原来静态的、熟人的社会状态，现代社会的人们处在一种聚散有时、聚少散多、天南海北谋生计、半熟悉或者逐步陌生的状态。这样来说，传统的熟悉社会不存在了，来自老一代的父子辈辈相传的传统生活方式几乎也不存在了。有人担心，现在的中老年人都离世之后，传统乡村的人与人的情感交往将会终结。

这是一个"礼崩乐坏"、新秩序重建的时代，是法治取代礼治，也取代人治的时代。儒家传统里有不过时的思想，比如"有教无类"。但是那套跪拜父母、民跪官等别尊卑的礼仪实在是过时了的东西。儒家的很多思想是应付农耕社会的，现在是一个中西汇合的全球化时代，我们必须以新的文化和生活方式应对现代的生活。我们学习儒家的一些礼仪，也许还有价值，小范围里祭拜孔子，也未尝不可。如果像前几年有些地方学校，大力学习儒家，甚至恢复见了父母先跪下磕头，高中学生早上先拜孔子像等，则未免太过了。难道我们还要恢复民见了官，三拜九叩，喊"大老爷""万岁万岁万万岁"？平等和民主的价值已经得到文明社会的普遍认同，儒家的别尊卑的"礼"，如同以前配合皇权的大家族的"家法"，也一定随风而逝。

法治社会是在费孝通所说的团体格局下，大家都是独立的个体，有着平等的权利和义务。独立个体具有平等的权利和义务才是宪政下的"法治"精神。作为传统道德和社会规范的基本礼节，在维持社会秩序方面，也会继续发挥其应有的功能。这是一个平衡问题，传统与现代永远无法完全割裂。事实上，现代化也可以有传统因素的配合，比如，日本是个很现代化的国家，其工业化的新型组织在外形结构上与现代西方国家的组织结构近似，但日本"现代工业企业之间这种为日本人称作'亲—子关系'的社会关系，在其结构实质上，正是与日本农村中旧式的租佃式的农户关系完全雷同的"[1]。

走出乡土后的中国人会如何在法治社会里还保留一定程度的"礼治"秩序，也是我们可研究的课题。法治社会里并不是完全没有了道德和社会规范的"礼治"成分。在实践中，"法"与"礼"应该是相互补充、相辅相成的关系。

---

[1]［日］中根千枝著：《日本社会》，许真、宋峻岭译，天津：天津人民出版社1982年版，第88页。

九　无讼：信访

新术语、新思想

语言的变化意味着价值观及社会的变迁。新术语孕育着新思想。语言学家布莱特（W. Bright）说，语言和社会存在着共变关系。要改变价值观时，先从语言入手。正像梅希叶所说："为了更好推翻事物，人们先推翻语言。"[1]语言是折射社会价值变迁的一面镜子，比如，古代的"臣民"或"子民"变为现代的"公民"，"宰相"变为"总理"，"国王陛下"变成了"总统先生"等。我们这里就要说到一对词组——讼师和律师——反映出法治认识和价值观的变迁。

本来"讼师"是个没有名誉的行业，到了现代的称呼"律师"，则变成一个很有身份和地位的职业。像美国现任总统奥巴马就是哈佛大学法学院毕业的，做过律师。

---

[1] 转引自郑也夫著：《语镜子：语言是社会生活的一面镜子》，北京：中信出版社2014年版，第16页。

费孝通在《乡土中国》中说：

> 在乡土社会里，一说起"讼师"，大家会联想到"挑拨是非"之类的恶行。做刀笔吏的在这种社会里是没有地位的。可是在都市里律师之上还要加个大字，报纸的封面可能全幅是律师的题名录。而且好好的公司和个人，都会去请律师做常年顾问。在传统眼光中，都市真是个是非场，规矩人是住不得的了。

这也正是乡土社会与都市社会的不同特征之一。

"律师"是现代法治社会不可或缺的一个重要角色，这一称呼也是西风东渐中的舶来品。虽然讼师和律师都和打官司有关，但名称改了，性质就变了。所以，费孝通说：

> 讼师改称律师，更加大字在上；打官司改称起诉；包揽是非改称法律顾问——这套名词的改变正代表了社会性质的改变，也就是礼治社会变为法治社会。

这是现代都市社会和传统乡土社会的对比，而现代都市社会也代表着西方现代社会。这样对比下来，就可以更清楚地看到，我们的乡土社会是礼治社会，要走出乡土的话，就要走出礼治社会，走向法治社会。"讼师"就必然华丽转身为"律师"。

法与礼：两类社会的秩序

根据费孝通的论说，一个人不懂法，不可耻；但不懂礼就可耻了。不懂法可以找律师代理和做顾问；不懂礼则没有人可以代理的。"礼"本身就是要人们先内化才可以发挥作用，而后人才能在礼治社会里讨生计。法是外在的力量，因而可以从外面找个代理。

费孝通是这样说的：

> 在都市社会中一个人不明白法律，要去请教别人，并不是件可耻之事。事实上，普通人在都市里居住，求生活，很难知道有关生活、职业的种种法律。法律成了专门知识。不知道法律的人却又不能在法律之外生活。在有秩序的都市社会中，在法律之外生活就会搞乱社会的共同安全，于是这种人不能不有个顾问了。

所以，"律师地位的重要从此获得"。

这就是说城市是个陌生人社会，人们之间无法用乡土社会里熟悉社群里的"礼"来规范生活，要有一个普遍性的规则对大家一律平等，就是法律。而都市生活又是大规模的复杂体系，一个人不可能对各种法律如知礼一样熟悉，就需要专门学习法律的律师的帮助了。

费先生这里对"礼"和"法"的对比是有问题的。事实上,"礼"也不是人人都能熟知的,我们常说"繁文缛节",古代的"礼仪"是很烦琐的,因而也是需要专门"顾问"的。儒家曾经不就是"礼乐"的专家吗?即使乡土社会里的婚丧嫁娶,那一套"礼"也够烦琐的。我知道农村里人们婚丧嫁娶都有专门负责指导的礼仪"顾问",不称"顾问",而称"喜总"或者"大总"之类。现代都市里的人们结婚都有了专门的"司仪",指点安排新郎和新娘子的结婚仪式,像电影导演一样,也可以说是"礼"方面的专门"顾问"了。

费孝通说,在乡土社会的礼治秩序里,"不知礼"甚至可以成为"道德问题,不是个好人"。这个"礼"应该是指日常生活的"礼",也即是普通的人际交往规范。谁要是有个"不知礼、不懂事、没规矩"的名声,就会很糟糕。男孩子找媳妇也困难,女孩子还好,不太愁嫁不出去,但是嫁的郎君就要打折扣了。所以,在这种乡土社会里,上自地方官,下至父母长辈,都很重视子民或者子弟的"礼的教养"。费孝通说:"一个负责地方秩序的父母官,维持礼治秩序的理想手段是教化,而不是折狱。""如果有非打官司不可,那必然是因为有人破坏了传统的规矩。"打官司不是因为违反了"法律",而是"破坏了传统的规矩"。

在这种泛道德化的礼治秩序里,审案升堂的"听讼,亦即折狱的程序",在旧小说里就很典型地描写为:把原告和被告拖上堂，先各打屁股若干板，然后一方大呼冤枉。父母官用了他"看相"式的眼光，分出哪个"獐头鼠目"，必非好人，重加苛责，逼出供状，结果好恶分辨，冤也申了，大呼青天。

这在现代社会人们的眼里，"会感觉到没有道理"，甚至"岂有此理"。"但是在乡土社会中，这却是公认正当的。否则为什么这类记载，包公案、施公案等能成了传统的畅销书呢？"这也说明，在乡土社会人们的观念里，官员断案就是这个样子的。

接下来，费孝通用了一个足球比赛的规则做比喻来说明这种礼治问题，颇为形象，在现代社会法治下也常用其来比喻关于规则与权力的关系：

> 在我们比赛足球时，裁判官吹了叫子，说那个人犯规，那个人就得受罚，用不到由双方停了球辩论。最理想的球赛是裁判员形同虚设（除了做个发球或出界的信号员）。为什么呢？那是因为每个参加比赛的球员都应当事先熟悉规则，而且都事先约定根据双方同意的规则之下比赛，裁判员是规则的权威。他的责任是在察看每个球员的动作不越出规则之外。一个有 sportsmanship 的球员并不会在裁判员的背后，向对方的球员偷偷地打一暗拳。如果发生此类事情，不但裁判员可以罚他，而且这个球员，甚至全球队的名誉即受影响。

球员对于规则要谙熟，技艺要能做到从心所欲而不逾规的程度，他需要长期的训练。如果发生有意犯规的举动，就可以说是训练不良，也是指导员（即教练。——笔者注）的耻辱。

这个球赛游戏规则的比喻也可用在法治社会里。比如，法治市场经济下，国家就是法治规则的提供者和裁判，但不能同时是球员。既是裁判又是球员，是不行的。而在乡土社会里并不是没有规范，也是有"游戏规则"的，这个规则是先于个人，作为社会的文化传承下来的"历史文化"，大家都要服膺这传统规则。对传统规则的服膺就是所谓的礼治。一个人从小就受到这些规则的影响，从家庭到学塾，遍及日常生活的都是这些"弟子规"：

> 长期的教育已把外在的规则化成了内在的习惯。维持礼俗的力量不在身外的权力，而是在身内的良心。

这里"身内的良心"的说法则把礼治和法治显然区分开了。法治靠的是外在的权力，不是身内的"良心"。当然，即使法治也是人在治，既然是人在治，就避免不了人的因素，某种程度上依然离不了"身内的良心"，但已经不同于礼治了。

因为依靠的力量不同，所以礼治"这种秩序注重修身，注重克己"。"理想的礼治是每个人都自动地守规矩，不必有外在的监督。"之所以这是理想,是因为实际上不常有,这是很难实现的一种愿望。"一个人可以为了自私的动机,偷偷地越出规矩。"比如最讲求体育运动精神的球赛,像美国的NBA,在赛场上球员们也是为了"赢"而使出各种怪招。据说像明星球员科比这样的,在关键时候他也会在对方球员耳边骂句脏话,扰乱其心神,裁判无法获知,也无法对之做出惩罚。竞技赛场和其他零和博弈的"赛场"一样,有些人不是那么守规矩的,"这种人在这种秩序里是败类无疑",但也只能是对其做这种道德谴责。在一个运行良好的社会里,这种人大概会少些。这种人的多少,社会也有一定的责任。"每个人知礼是责任,社会假定每个人是知礼的,至少社会有责任要使每个人知礼。"

这样,为了实现人人知礼,社会就重视起宣传学习"礼"了,整个社会机制都在为之服务。比如,中国乡土社会里的"子不教"成了"父之过":

> 这也是乡土社会中通行"连坐"的根据。儿子做了坏事情,父亲得受到惩罚,甚至教师也不能辞其咎。教得认真,子弟不会有坏的行为。

这实在是那时候的"礼治"逻辑,今日看来,颇不公平。乡土社会里地方官都是讲求"教化",教化不好,才有了坏的行为,所以"打官司也成了一种可羞之事,表示教化不够"。法治社会就不会用这种连带逻辑，一个人犯了法，把他的父亲和老师一起惩罚。当然，假定作为公开的法，是人人要知道的，叫"知法"。不知法的时候，要找律师做顾问。

调解：乡土社会里的纠纷解决办法

调解是人类社会最古老的解决冲突和纠纷的办法之一。群体生活必然有纠纷，而又要维护这个群体，调解才能让有纠纷和冲突的群体存活下来。那么，在乡土社会里，调解是一种什么样的方式呢？费孝通说："在乡村里所谓调解，其实是一种教育过程。"调解不仅仅是解决了纠纷本身，更在于其教育功能。不仅是对当事人，也是对周围其他人的教育，某种程度上还有着"案例法"的榜样作用，告诉人们，遇到这样的事情，应该是"这样"做的。

费孝通举了一个他参加过的调解集会的例子。这个例子很好地说明了礼治与法治的不同解决纠纷方式。费孝通之所以被邀请参加这个集会，是"因为我是在学校里教书的，读书知礼，是权威"。且这邀请"在乡民看来是极自然的"。我小时候，村里人还常说某个人"知书达理"呢。纠纷谁来调解呢？是一乡的长老。我不知道费孝通所说的长老是一个职位称呼，还是因为这个人德高望重、年龄又老。因为基督教教会里有长老，让我产生了联想。我猜测，费孝通说的长老应该是指某位年高德劭的乡绅。

更有意思的是,"调解是个新名词,旧名词是评理"。这又是新术语新思想的例子。我在家乡时的日常生活中还经常听到人们说,找人"评评理",而不是找人"调解"。费孝通的调查是在国民政府时期,已经是政治权力向下延伸到村庄,不仅仅到县衙门为止了。当时有了保长,虽然保长是代表政府的"官员",但"最有意思的是保长从不发言,因为他在乡里并没有社会地位,他只是个干事"。注意这里的"社会地位"一词,说明那个长老是有社会地位的,而且这个地位是在当地长期积累起来的,人们信服。这种权威是内生的,不是外来的,保长的权威是外来的,不令民众信服。如果保长和长老二者合一,则是政治下乡后比较理想的状态。

因此,长老们中很会说话的乡绅会开口说话评理——调解:

> 他的公式总是把那被调解的双方都骂一顿:"这简直是丢我们村子里脸的事!你们还不认了错,回家去。"接着教训了一番。有时竟拍起桌子来发一阵脾气。他依着他认为"应当"的告诉他们。

这类似于上面说的包公案之类小说里描写的县太爷审案子的架势。然而,这类在现在法庭上看来很好笑的事情,"这一阵却极有效,双方时常就'和解'了,有时还得罚他们请一次客"。这种场面我以前在农村也多次见过,说明这种调解方法还在使用着。不过，常常是村干部在充当费孝通说的"长老"，但也不全是。有职位的村干部代表"官方"，有着"公家"的效力，而不具有这个身份的"长老"往往就靠边站了。并且，没有"官家"身份的"长老"现在似乎也慢慢不存在了，或者说传统意义上的"长老"已经不存在了。2000年我回家乡做社会调查时，村干部的成员中，还有一名"调解主任"呢。这说明，乡土社会中调解处理冲突和纠纷的方式，被官方渠道给吸纳进去了。传统与现代相融在一起了。

长老成了"裁判"，罚请客成了"罚球"。

讲权利的法律

乡土社会里的"知礼"，更多的是说道德伦理，违规也多从道德问题上来说是非曲直。而"现代都市社会中讲个人权利，权利是不能侵犯的"。这些权利的维护不再是靠"良心"，而是靠国家的法律和相关的机构来保护。费孝通说："一个法官并不考虑道德问题、伦理观念，他并不在教化人。"在执法上，法官判案要讲证据。

如果从立法上说，事实上，立法人员在考虑这些"法律"问题的时候，也有道德伦理上的考量。西方的法律体系是以"摩西十诫"这个充满道德伦理的戒条为根基的。据一位老师讲美国大法官的更换情况,有的法官就为了维护他所认同的伦理思想,年岁很大了,没有合适接班人的时候,也不退休(总统无权解聘,可以终身制)。比如,日益壮大的自由派要把同性婚姻合法化,保守的大法官在,就无法通过。这些保守的大法官很害怕自己一旦不在,这个法就通过了,所以就等着有与他一样道德立场的人来这个位置上,自己才可放心退休。权利的厘定还是一个艰难的"立法"问题,立法的最深根基在道德和伦理观念上。

当然,法治社会的法庭不会像明清小说里那些县太爷审案子,也不可能会像费孝通参加的调解集会,这里是根据法律辨别权利的地方。"刑罚的用意已经不复'以儆效尤',而是在保护个人的权利和社会的安全。""在英美以判例为基础的法律制度下,很多时间诉讼的目的是在获得以后可以遵守的规则。"这样层出不穷的案例,要求在"一个变动中的社会,所有的规则是不能不变动的"。这与相对静态的乡土社会是不同的。乡土社会因为其变动缓慢,"礼"也是相对不变的。而现代变动的社会里,"环境改变了,相互权利不能不跟着改变"。比如,乡土社会里养儿防老,现在国家有了养老保障体系,还有医疗保险,显然原来"养老"的"礼"也就改变了。

虽然有了法律,有了权利界定,但是具体情况是不同的:

> 事实上并没有两个案子的环境完全相同,所以各人

的权利应当怎样厘定,时常成为问题,因之构成诉讼,以获取可以遵守的判例,所谓 test case。在这种情形里自然不发生道德问题了。

大概因为道德问题很难判断,是价值观和伦理观的问题,在权利厘定上,则更多的是从法律条例本身界定的权利上着手。

因为现代社会变动较快,法律层出不穷,某些不知法的人也不会被视为"可羞"了,像现代乡土社会一个人不"知礼"一样。律师成了不可或缺的职业,律师不仅仅是打官司来做辩护的,更多的日常工作是法律顾问,或者有关法律事务的代理。

事实上,在美国这样的法治社会里,也不是动不动就打官司的。可以法庭外解决的事情人们不会去打官司的,庭外调解依然是很重要的途径。至少在成本上,庭外调解要低得多。在一定条件下,大家也会选择庭外调解,除非双方达不成一致了。十年前,我读博士的时候,在美国明尼阿波利斯市与另外三个同学合租房子,就与房东出现了纠纷。在纠纷中,那个房东对一个女学生说了脏话,而且自己前后言行不一。我们不租他的房子了,让他退押金,他不退。我们四个学生找到了学校的律师事务所,找到有关法律依据。律师通知房东退房租押金,不然就上诉了。最后,调解无效,没有办法我们走上了法庭。当然,那个房东输了官司,诉讼费、律师费等他全部负责,房租押金也全数退回。

一般情况下，很少有这种需要上法庭的诉讼案件。庭外可以调解的，就免了很多心思或金钱去打官司。现在中国农村基本上还是延续乡土社会的"无讼"，自有它的道理。当然，"无讼"并不等于不能拿法律来维护自己的权利。

转型社会：从乡土社会到现代社会的蜕变

中国社会的转型，不是一天两天、一年两年的事情，甚至不是十年几十年的事情。这次乡土社会蜕变的大转型什么时候开始的，尚无定论。但是，民国的建立无疑极大地推动了整个社会的大转型。在晚清洋务运动中，李鸿章曾说，中国社会面临千年未有之大变局，那个时候已经开始了这个大转型。"新文化运动"以降，国民党到共产党的农民运动，极大地改变了基层乡土社会的结构和"礼教"。

但是，乡土社会的蜕变过程是缓慢的。费孝通对当时这种转型的观察是："中国正处在从乡土社会蜕变的过程中，原有对诉讼的观念还是很坚固地存留在广大的民间，也因之使现代的司法不能彻底推行。"为什么？首先，现行法律中的原则是从西洋搬过来的，与旧有的伦理观念相差太大。费孝通对这个的解释，最详细的是关于西方的团体格局与中国的差序格局的对比，在中国的传统差序格局下，"原本不承认有可以施行于一切人的统一规则，而现行法却是采用个人平等主义的"。普通老百姓既不理解法律，也不知道怎么用。更重要的是，新法下乡了，普通人还是视打官司为不好的行为，偏偏一些"不三不四"的"败类"人物钻了法律的空子，新法保护了那些人们看来不道德的"利益"，人们也就对新法没有什么好印象了。依照现行法的判决，常常和地方传统不合："乡间认为坏的行为却正可以是合法的行为，于是司法处在乡下人的眼光中成了一个包庇作恶的机构了。"

费孝通举的一个例子很能说明这种矛盾张力。有个人的妻子偷汉子，他把奸夫打伤了。这在乡村人眼里，奸夫就该打。可是"和奸没有罪，何况又没有证据，殴伤却有罪"。就是按照现行法律，打人者是有罪的，那个奸夫却无罪。这在乡间习俗上，是不能接受的。

苏力有本《送法下乡》，说的是改革开放后的现代乡村社会，距离费孝通研究的乡土社会半个多世纪都过去了，依然很难让民众来接受和使用现代法律的武器。这是一个过程，要反思的不仅仅是民众的观念，还有法与其文化土壤的关系的问题，以及打官司的成本问题。正如费孝通所说：

> 现行的司法制度在乡间发生了很特殊的副作用，它破坏了原有的礼治秩序，但并不能有效地建立起法治秩序。法治秩序的建立不能单靠制定若干法律条文和设立若干法庭，重要的还得看人民怎样去应用这些设备。更进一步，在社会结构和思想观念上还得先有一番改革。

如果在这些方面不加以改革，单把法律和法庭推行下乡，结果法治秩序的好处未得，而破坏礼治秩序的弊病却已先发生了。

最近十多年的情况就类似于这种法治未成立、礼治也崩溃的状态。这种混乱还将延续一定的时间。

一个人违了礼，大家在舆论上可谴责他。但违了法，只能是有关权力部门来管。上访之所以那么兴盛，大概因为人们对上访有个期望，认为越到高层越是清正讲理的地方。

信访：在情理与法治之间

从上面我们看到了在转型社会里，地方传统与官方制定的法有不合辙的矛盾之处。因此，送法下乡不容易。乡村既需要法律，也需要法律服务。但是，法治社会也是要有传统的。法国思想家卢梭说过："法律只不过是穹隆顶上的拱梁，唯有历史积淀而成的风尚才最后构成那个穹隆顶上的不可动摇的拱石。"

传统的形成需要时间。在这个转变过程中，结合情理与法治的信访制度不失为可以选择的——已经为实践所检验——不错的制度。我知道这个制度在乡镇一级就有，到县级就颇具规模了。据我观察，乡镇派出所，在一定程度上，也是信访机构。去年在老家，我接触了镇派出所所长，看得出来他很忙，在调解民众的诸多事情。我在大门前观察了一会儿，他在给人调解，是吵架、打架的，闹得不像样，找所长来评理了，求调解问题。所长劝说劝说，批评批评，他们才走了。这很类似"长老"们的调解，但不是上来先各打二十大板，双方都骂一通，之后再教训一顿的"调解"，而是基于情理和法律的劝说、调解。

我到了市信访局，正好趁等朋友的一会儿工夫，有机会观察了县级市信访局的大概情况。市委各级领导的名字、电话、接待日期都张榜公布在信息栏里。我打了信访局局长的电话，他果然接了，这说明是真正的接待，不是摆设。这里的接待也很规矩，在我观察等待的半个多小时里，一切都平静、有序地进行着，很平和。不久之后，在清华大学偶然听到社会学系沈原和晋军两位老师讨论一个学生研究信访的论文，得知信访的功效很大。通过信访机构的调解可以把好多民众的问题解决、吸纳掉。比如接访人员，上访的人员会向他们讲有什么问题，接访人会把问题提升出一个概念，然后再反问上访者："你们这样做对吗？""是不是这样一个道理？"讲来讲去，上访人的气就消了，反而发现好像自己做得不对。信访通过这种吸纳方式，把好多事情给解决了。这个程序很厉害，接待上访的人要有很好的策略，有好多信息（包括法律知识），上访的人是不懂的。经过这种接访员的一番解读，就把怒气和问题化解了。信访这个程序和接访人员掌握的信息及策略是实现这种调解的关键。

"无讼"作为乡土社会的传统，在民间依然存在着，不管是在观念里还是在实践中。信访制度，如果实行得好，恰好把传统的情理和现代法治结合在一起，作为庭外调解的一个途径，确实是值得重视的。送法下乡，通过信访也是一个好办法。正如前面章节说到文字下乡一样，不仅是需要不需要的问题，更是一个成本合计问题。信访显然比通过法庭和律师打官司成本要低多了。此外，这种调解，不仅有法律知识作为背景工具，而且把传统的情理也可以策略地考虑进去。

当然，重大的权利问题，必须要法律来解决。接访员毕竟不是律师。乡村秩序变得豪强化和江湖化，对于弱者，既失去了原来"礼治"的道德保护，也没有有力的法治保护，就成为新时期乡村失序的一个重要原因。法治的精神要成长，法治的实践要练习。在乡土社会的蜕变过程中，坚持法治的精神和实践，一天一天，一年一年，法治就会形成扎了根的文化传统。经过了现代的华丽转身，"律师"成了有身份和地位的人，不再是令人嫌弃的拨弄是非的"讼师"了！

十　无为政治：自治组织

"无为"是中国古典哲学中的一个重要思想，来自老庄道家。黄老哲学与政治体制结合，形成了一种"无为"政治哲学。汉初"文景之治"时代大概是这种"无为政治"的代表。"无为政治"的另一个名号叫"休养生息"。之所以要休养生息，是因为自动荡多发的秦到楚汉相争，人们疲于征战，生活苦不堪言，累了，乏了，不休养生息，维持不下去了。

"无为"就是上面的权力不干预下面百姓的生活，理想之境是："帝力于我何有哉！"皇帝与我有什么关系呢？井水不犯河水，两不相扰。

胡适曾解释过"无为"，就是上级放权给下级，不要干涉下级的实际活动，上级要关心的是政策方向的大事。对百姓而言，许多活动让市场来调节比权力干预要好得多。1949年之后的中国，以计划经济主导的政府干预前所未有，与"无为政治"的传统乡土中国非常不同。即使到了改革开放时代

（记得我幼时，大约是20世纪80年代后期），政府对村民生产生活的干预依然很多。比如村子里经常有上级政府分配的种棉花、桃树、苹果树等任务，民众非常气愤，完不成任务还要受罚。有的因为种的不是棉花而是小麦，乡政府来专人，把小麦铲掉，那么好的麦田被破坏掉了。有些干预使某些权力人物从中渔利不少，比如一棵果树苗，买来八分，卖给民众是八毛，或者一块。今年种桃树，第二年还没有长大，就让拔掉种梨树，又有一部分权力人物"先富了起来"。这就不是"无为政治"。当然，传统乡土社会也不一定都是"无为政治"，不然，杜甫老先生的"三吏"何以产生？！

"有为"还是"无为"，是权力的搭配成分问题，有时"无为"多些，百姓就安宁些。

费孝通先生创造的概念虽然是新名词，却不难理解。比如这里搭配的权力，按照费孝通的理论划分，就是横暴权力和同意权力，前者来自冲突，后者源自合作，社会生活不管是否乡土的，都是冲突合作共存的状态，只看何种成分多些少些罢了。

两种权力类型

权力是政治的核心。在《乡土中国》的《无为政治》一章里，费孝通首先分析了权力概念。他从社会冲突和社会合作两个方面入手,在概念上区分出了两种权力类型:偏重冲突一面的,看到的更多是横暴权力;而偏重合作一面的,看到的更多是同意权力。

社会是有分层的,不管我们是用"阶层"这个温和的词语,还是"阶级"这个意识形态味道浓烈的词语,都是说人群是有上下等级之分的。毛泽东先生在早期名文《中国社会各阶级的分析》里就说:"无论哪一个国内,天造地设,都有三等人,上等、中等、下等。详细分析则有五等,大资产阶级、中产阶级、小资产阶级、半无产阶级、无产阶级。"因而,研究社会分层和流动也成了社会学的核心内容。

因为阶层和等级的存在,社会冲突论者看到的权力表现在"社会不同团体或阶层间主从的形态里。在上的是握有权力的,他们利用权力去支配在下的,发施号令,以他们的意志去驱使被支配者的行动"。马克斯·韦伯把权力定义为:"权力意味着在一定社会关系里哪怕是遇到反对也能贯彻自己意志的任何机会,不管这种机会是建立在什么基础之上。"这个定义就包含有冲突一面。

依照冲突论的观点看,权力是这样的:

> 是冲突过程的持续,是一种休战状态中的临时平衡。冲突的性质并没有消弭,但是武力的阶段过去了,被支配的一方面已认了输,屈服了。但是他们并没有甘心接受胜利者所规定下的条件,非心服也。于是两方面的关

系中发生了权力。

这种权力就具有压迫性，必然是一方对另一方的压迫，暂时以"强力"维持了一种秩序，一种相对稳定的社会秩序。这是阶级统治社会必然的一种权力关系。按照费孝通所说：

> 权力是维持这关系所必需的手段，它是压迫性质的，是上下之别。从这种观点上看去，政府甚至国家组织，如果握有这种权力的，是统治者的工具。

如同我们在教科书里学习的："国家是阶级统治的暴力工具。"也是在这里，费孝通的这本《乡土中国》，稀有地提到了"阶级"这个词汇。他说：

> 跟下去还可以说，政府甚至国家组织，只存在于阶级斗争的过程中。如果有一天"阶级争斗"的问题解决了，社会上不分阶级了，政府甚至国家组织，都会像秋风里的梧桐叶一般自己凋谢落地。

总之，这种基于不平等关系的具有压迫性质的权力，费孝通称之为"横暴权力"。

有一派理论认为国家的起源是"坐寇成王"。就是说，有些人发现掠夺比生产收益来得快，就放弃了生产而去掠夺。

但是流寇掠夺不留余地，受到的反抗也大，且不能持续，于是就采取坐寇策略，给一些人提供不受流寇掠夺的保护，但要定期交保护费。这样，生产者一方得到了一定的保护，掠夺者一方也可以持续收益。"坐寇"就成了国家最初的起源。"坐寇"掠夺毕竟会受到一定的反抗，冲突是必然存在的，根上注定了的。用现代的"阶级分析"看，坐寇就是统治阶级，国家就是他们统治的暴力工具。所以，横暴权力从国家的"无始劫"就已经开始了。

但是，冲突破坏秩序、破坏生产，社会要获得秩序和生存，需要合作的一面。合作必须有分工，分工需要协调。市场自然在以无形的手发挥调节作用，但是还需要权力作为协调的保障。原因是这样的：

> 劳力是成本，是痛苦的，人靠了分工，减轻了生活担子，增加了享受。享受固然是人所乐从的，但贪了这种便宜，每个人都不能自足了，不能独善其身，不能不管"闲事"，因为如果别人不好好地安于其位地做他所分的工作，就会影响自己的生活。这时，为了自己，不能不干涉人家了。

同样，人家也会干涉自己。这也是一种冲突，即合作需要的冲突。每个人不能为所欲为，必须保障大家遵从分配的工作，安其位，完成任务。所以，大家把权力让渡出来，这种权力是基于社会契约的，是同意的，被称为"同意权力"。西方的"社会契约论"就是这种权力的基础。不然，霍布斯的"一切人反对一切人的战争"的丛林现象就会发生。

社会契约论为现代民主政治提供了合法性基础，或者叫"意识形态"。这种社会，并不是说没有了冲突，而是把抑制冲突的权力基础变成了民主投票基础上的"同意权力"。

权力的根本在利益

说到根本，权力的产生是因为利益，利益的冲突与协调需要权力，不管是同意权力还是横暴权力。在人类社会中，这两种权力是一对兄弟，总是不离不弃，只不过谁更大些、小些，多些、少些而已。费孝通说：

> 所谓政府，总同时代表着这两种权力，不过是配合的成分上有不同。原因是社会分化不容易，至少以已往的历史说，只有合作而没有冲突。这两种过程常是互相交割，错综混合，冲突里有合作，合作里有冲突，不很单纯的。所以上面两种性质的权力是概念上的区别，不常是事实上的区分。

这种区分的必要在于分析一个社区的权力结构时需要看这两

种权力的配合成分。比如，美国"表面上是偏重同意权力的，但是种族之间，事实上，却依旧是横暴权力在发生作用"。目前的美国与费先生写作《乡土中国》时代已差别很大，那时候还没有马丁·路德·金博士的黑人权利运动。黑人权利在这些年里，已经明显地大幅上升了，但族群冲突也还是有的，横暴权力还在用。"国家是统治阶级暴力统治的工具"在现代社会依然不过时。只不过，分层的说法比"阶级"的用语较中性，但精英统治阶级总是要维护自己的利益却是真的。美国最高收入那部分人，所谓的最上层的"1%"，在主导着这个社会的权力分配和利益划分。

人是权力动物，这是先哲说的。费孝通先生更进一层认为，人之所以有"权力的饥饿"，在于权力的工具性，也就是权力可以带来利益。中国社会之所以是权力为本位的社会，在于权力一直是利益的主要决定力，尤其是在小农经济里，权力是一种保障。比如绅士权力，费孝通专门论述过皇权与绅权的关系，绅权就是为了避免皇权的侵害的一种保障，它借助了皇权，但又不同于皇权。费孝通在一篇《经历·见解·反思》（1987年）的访谈录里曾这样说：

> 小农生活是不稳定的，因此他们不得不依靠别人，要有某种"皇帝"来保护自己，……到处有小皇帝。……家长也是一种皇帝。按子女为着安全保障依靠他的程度而言，他也是一个小国王。处处有小当权者。那么我们

怎能发展民主国家？在这种情况下，亲属关系变得极其重要。我们没有团体而有社会关系网。

这个观察是很有穿透力的。没有当权者的保障，人们就生活艰难，资源都在当权者掌握之中，市场不发达。西方社会市场发育较好，可以一定程度上消解对权力的崇拜。美国人虽然也重视权力，但是权力崇拜远低于东亚社会，尤其是华人社会。费孝通早就论述过他的这个观察。

在1946年6月写作《乡土中国》期间，费孝通写了一篇《土地里长出来的文化》。他认为，因为农业是从土地里讨生活，由于土地出产的限制，增加一点收入和享受很困难。要自己多占点儿，就得把别人赶走。因而，自己的幸福是建立在别人的痛苦之上的。西方在农业社会时代也是如此，所以才有《圣经》里教训人要"积财宝在天上"，"富人进天堂比骆驼穿过针眼还困难"。勤俭是美德，是生存的保障。可是科学冲破了原来的限制，机器的工业时代开启了致富的大门，财富可以大量地获取，欲望被解放了。我们现在可以看到，这种工业化大趋势带来了今天的消费社会。

费孝通引用了桑巴特对欧洲中世纪经济的总结，那就是"从权力到财富"。但是，现代却是反过来，从财富到权力了。"官吏变成公仆，衙门变成政府，是中古变成现代。"中产阶级是现代化的先锋，"他们拿钱出来逐步赎回握在权力阶级手里的特权。他们的口号：'没有投票，不付租税'"。这样，财富控制了权力。美国的一个独特传统就是要"小政府",把诸多事务交给市场和市民组织。

中国的"从权力到财富"的路子,反映在当下"反腐败"斗争打倒的从大老虎到小苍蝇的众多例子上,这些案例都充分展示了中国权力寻租的公式。这说明,我国走出乡土——"自土中拔出建立新文化"的任务依然任重而道远。

权力之所以诱人,在于它带来的利益。费孝通引用了英国的一次民意测验:"愿意自己孩子将来做议员或做阁员的人的比例很低。在英国做议员或做阁员的人薪水虽低,还是有着社会荣誉的报酬。"但多数人不愿意。我们的公务员不是薪水很低吗,为什么那么多人还要去争做公务员,做官呢?看来英国的"抑制腐败"做得好,不然,不也可以化权为钱吗?

因此,按照费孝通的分析,经济利益是人们追逐权力的真正原因。于是有人提倡"高薪养廉"。但也有人提出历史和现实证据说明,高薪也养不了廉。高薪,多高算高?人的欲望是无限的。

寻租和掠夺之所以发生,也是因为有东西可掠夺。如费孝通所说:"一个只有生产他生存必需的消费品的人并没有资格做奴隶的。"做奴隶也得让奴隶主有利可图。农业社会里驱赶他人,霸占土地。工业社会,血汗工厂不过是那种残酷剥夺的翻版罢了。文明进步耶?一个生在大陆,去了台湾,后在美国某大学当几十年教授的老人这样感慨:资本主义是最残酷的利益榨取。

中国乡土社会里为何是"无为政治"?

农耕社会里想要实现经济利益就要发生"赶走土著"的冲突,这样的社会剩余太少,糊口经济哪里经得起霸占利益的权力的侵略。因此,我们的农业帝国很多时候总是受到外族的侵袭,这种农业社会里,横暴权力过于虚弱。不是说农业社会里没有横暴权力,皇权的发祥就是武力得天下,或者叫"马上得天下",但是不能马上治天下。按照费孝通的说法:

> 乡土社会并不是一个富于抵抗能力的组织。……东方的农业平原正是帝国的领域,但是农业的帝国是虚弱的,因为皇权并不能滋长壮健,能支配强大的横暴权力的基础不足,农业的剩余跟着人口增加而日减,和平又给人口增加的机会。

中国历史上有作为的皇帝,或者像隋炀帝这样的很有才华和大略的皇帝,都是很少的。这是有原因的:

> 一个雄图大略的皇权,为了开疆辟土,筑城修河,这些原不能说是什么虐政,正可视作一笔投资,和罗斯福造田纳西工程性质可以有相类之处。但是缺乏储蓄的

农业经济却受不住这种工程的费用,没有足够的剩余,于是怨声载道,与汝偕亡地和皇权为难了。

这样,如同秦始皇时代,"官逼民反",然后镇压。天下大乱,合久必分,人口又减少了,民间又呼唤新的"休养生息"。所以,皇家是很少主动做大工程的,很少使用横暴权力。

从微观上看,横暴权力在乡土社会里同样一直时强时弱地存在着。拉丁抓夫,苛捐杂税,即使在皇皇大唐也有杜甫《石壕吏》和柳宗元《捕蛇者说》中的官吏欺压百姓的现象,而这些官吏都是打着皇权或者其他"山寨版皇权"的旗号来的。普通小民只是在这种"有为政治"下艰难求存罢了。

费孝通说:"横暴权力有着这个经济约束,于是在天高皇帝远的距离下,把乡土社会中人民切身的公事给了同意权力去活动了。"当然,同意权力也是有限制的:

> 同意权力是分工体系的产物。分工体系发达,这种权力才能跟着扩大。乡土社会是个小农经济,在经济上每个农家,除了盐铁之外,必要时很可关门自给。于是我们很可以想象同意权力的范围可以小到"关门"的程度。

这样说,在乡土社会,即使同意权力也很少发生了。乡土社会的权力结构是这样的:

乡土社会里的权力结构，虽则名义上可以说是"专制""独裁"，但是除了自己不想持续的末代皇帝之外，在人民实际生活上看，是松弛和微弱的，是挂名的，是无为的。

皇权因其无可奈何而"无为"，不敢有大动作，耗资伤民则会国将不国。

走出乡土社会如何政治"无为"？

　　因为横暴权力发生受到的局限，以及自足的小农经济对同意权力的需求较弱，所以在皇权干预乡土社会生活方面是"无为政治"。实际上乡土社会并不真的那么政治"无为"，费孝通所说的更像一种理想的无为状态，正如诗人笔下美丽的田园生活，只在艺术家的想象和作品里吧。

　　我之所以这么说，是基于这样几个理由：第一，绅权本身，按照费孝通在《皇权与绅权》里的论述，就是为了逃避皇权的侵害，保护自己和家族亲戚。进入仕途当皇权社会里的官，尽管有着抄家和杀头的危险，他们还是去做官就是为了这个目的。他们还借此逃避赋税和劳役。这意味着广大百姓——不在"绅士"保护范围内的人们是受着皇权侵害的人群。第二，绅士本身的权力也可以看作皇权的一部分，至少在基层治理上是代理皇权的角色。这个观点也是费孝通认可的。那么，这样说，绅士在基层代替政府要钱要人（兵役和劳役），可以看作皇权伸出的"手"。要钱要人在小农经济社会里，还很可能造成"要命"。这也不是"无为"。第三，由第二点，我们可以进一步说，费先生的"皇权"概念是模糊的，比如绅权在某种意义上就是皇权的延伸。这个概念因其模糊，曾遭到了反对，在《乡土重建》里费先生不得不给以说明，他曾解释说："皇权本身是个复杂的结构。譬如说，汉代的皇权中可以分出：皇帝、重臣、皇室、宫廷、外戚、宦官和官僚，官僚中还有文武的分别。"总之，最后的结论是"凡是根据武力取得和以武力维持的统治权力都可以归在我这里所谓的'皇权'的一类里"。这样，这个概念的模糊性问题依然没有解决。如果按照这样一个复杂构成的皇权概念，即使"皇帝"是个傀儡，皇权也照样存在。不需要皇帝雄才大略，那些搜刮和掠夺到贪得无厌地步的大臣、皇室或者任何一个皇权构成群体，都不会让皇权"无为"。因为"无为"状态下，他们得不到利益。第四，与第三点也有关系，就是进贡体系，拥有朝廷皇权那部分人需要下级进贡，下级的下级同样要向他们的上级进贡，最终的财富来源于老百姓。这个隐藏的财富上通道路，实质上是年复一年日常的皇权对基层百姓的"有为"。因此，苛捐杂税造成的"官逼民反"在历史上层出不穷。不管是镇压叛乱起义、对外扩张战争，还是抵御外侵，等等，都是要钱要人的，都从乡土基层里出。皇权想"无为"也做不到。第五,退一步说,即使如费孝通所说的,皇权在雄才大略的皇帝那里,一"有为"就遭到百姓造反而回归于"无为",这样循环往复,也意味着乡土社会不全是"无为"政治,至少也是部分"有为"的。

在《乡土重建》里,费孝通显然认为现代政府是为人民负责的政府,为了经济建设和人民福利可以"有为"了。但是,他对美国的宪法精神就是限制政府"有为"的事实也是承认的。在这一点上,费先生的观点模糊不定。大概是因为国家政权对基层的"有为"和"无为"都需要有个范围和限度吧。

在现代国家,"无为政治"问题就转化为如何防止国家作为"利维坦"式的庞然大物对其公民的侵略,实现国家对公民的"无为"。这是一个意义重大的问题,即,我们在走出乡土社会过程中,如何让国家这个庞大的权力体不侵害公民的利益,也即在现代国家政治下如何实现"无为政治"。

美国的传统是极力防止政府权力太大,以免侵犯了个人权利。故而,美国是一个市场经济古典主义色彩浓厚的国家。法国思想家托克维尔走访美国,发现美国的一个重大优势在于充满着各种市民社会的自治组织。这是美国这个联邦政体建国之初立下的传统,要让个人自由得到保障。由于自治组织的存在,国家权力就只能是"无为政治"。想要"有为",因为自治组织的抵抗,也很难做到。这也是美国社会活力的关键所在。我们看到在过去几十年或上百年里重大的科技和艺术发明创造,大都发生在这个国家,不管是电脑的诞生,还是互联网的问世,直到今天的社交网络技术……这是美国社会市场推动和自治组织联姻的"爱情的结晶"。

中世纪的欧洲,权力被国王私家垄断,如同中国皇权时代,权力是垄断的。虽然说乡土社会是"无为政治",但是不管是技术上还是思想上,有点离经叛道的人和事,皇权自不肯容忍的。比如从西洋引进铁路,开始就被抵制,为了保护风水。如果没有西方文明的传入,皇家能容忍民主思想的萌芽吗?很有可能,如今还和古代一样,是帝王统治的天下。这是思想的力量,还是力量带来了思想?就要看具体社会历史环境了。

如前面所分析的,现代社会财富与权力的关系,与中世纪或者专制皇权时代比较,已经有很大变化,尤其是市场系统的发育,让乡土社会逐步在瓦解。

爱德华·劳曼和戴维·诺克著有《组织化国家:国家政策领域中的社会选择》[1]一书,讲作为现代国家的美国的组织化国家情况,该书认为政策的制定和实施后果,在于网络结构中成员的位置和角色,不在于成员本身。国家权力在实施中的结构性力量,不同于小农经济的乡土社会里简单的社会权力结构。整个国家组织起来了,以社会组织间的网络结构

---

[1] Edward O. Laumann and David Knoke, *The Organizational State: Social Choice in National Policy Domains*, Madison, WI: University of Wisconsin Press, 1987.

实现系统的权力影响。诺克后来专门写了一本《政治网络：结构的视角》[1]，认为任何政治影响都是通过网络实现的。我们从中可以发现，现代国家不管是何种权力，发挥作用都是通过结构性的力量，国家成了组织国家（organizational state）。

把现代国家政治权力与乡土社会里的皇权类比，乡土社会里的皇权的"无为政治"，是说皇权不干预民众生活，皇权只是"松弛的和微弱的，是挂名的，是无为的"。而现代国家的国家政治权力，则因为市场和市民自治组织的发育成熟，而且任何政治影响都要在组织国家里通过网络发挥影响，对于民众而言，这种国家政治权力则也处于"无为政治"状态，是虚弱的、挂名的。

不论何种社会，社会分层和团体利益的存在，以及分工合作的需要都是普遍的，因而横暴权力和同意权力都不会淡出历史舞台。走出乡土的民众，在一个陌生的环境里，则要通过各种自治组织，实现和保护自己的利益，也是自己的权利。毕竟皇权时代过去了，以科学和技术为基础的工业化打破了农耕社会财富增长的局限，市场把政治权力进行了一定程度的消解，"官本位的社会"则会渐渐随着乡土的褪色而弱化。

国家的横暴权力的功能转化为保护其领地和公民的安全，

---

[1] David Knoke, *Political Networks: The Structural Perspective*, New York: Cambridge University Press, 1990.

为商业贸易保驾护航。在城市化兴起带来的市民社会（城市社会才有市民，乡土社会里是农民）中，传统乡土社会里的家族团体将被突破，而为各种自治组织和专门领域机构所取代，生活中诸方面的功能将为各种社会组织分担。农民进了城，变成了工人，甚至有些乡村自身也在变成小城镇，人们谋职进了公司、到了工厂等，以技能和劳动力来换取生活经济来源。这一切都在改变着脱离了土地束缚的人们的生产和生活方式。比如，城市有了业主维权委员会这样的自发组织，各种像微信群这样的高科技虚拟社团，都在改变着原来的权力集中和资源垄断的社会结构，把"小皇帝"的权力消解分散在了各种社会团体和组织中。在分散的组织中的权力结构里，更多的是基于授权的同意权力，而不是"专断式"的横暴权力。计划经济时代，一切资源被单位行政垄断，这是权力被崇拜的原因。如今，诸多服务和福利可以在市场上获取，自然就消解了那些权力干预的"有为政治"。

十一　长老统治：文化反哺

作为群体生活的人们，需要一种秩序，有一定的组织，这就需要有权力的管事人。费孝通在《乡土重建》里说，乡土社会里所谓的"政府"，也就是来自上面的皇权，只到县衙门，之下是"社会"。因为小农经营难以产生足够剩余，来供"雄才大略的皇帝"实施横暴权力，加之经营规模小，又限制了对同意权力的需要，从而乡土社会的政治成了一种"无为政治"。那么，这种"无为政治"下的乡土社会的统治是怎样的呢？在这里，费先生给出了高屋建瓴的总结，即是通过教化的力量，老人有了权力，其秩序依靠的是"长老统治"。在上一章里，我们引用了费孝通的一个发现，即在小农经营下，人们需要各种各样的保障，需要找个可以依靠的"皇帝"，或者"皇帝式"的当权者。用时髦的话说，就是傍个大腕儿，寻个靠山。乡土社会里的长老正好充当了这种"权威角色"，掌管着一个地方的权力和秩序。下面看看费孝通的具体分析，结合清朝结束以来大概的"长老"演变史,我们从中可以一瞥走出乡土过程中,乡土社会的权力结构的再造和新权力结构下乡土的褪色。

"无为政治"下谁在统治乡土社会?

中国乡土社会,虽然说其权力结构可以从横暴权力和同意权力来分析,但还不够。尽管横暴权力受到了实际的限制,乡村却并不是所谓普通的"民主"形式的。那么乡村究竟是如何统治的?谁在统治?就需要进一步分析。费孝通说:

> 民主形式根据同意权力,在乡土社会中,把横暴权力所加上的一层"政府"的统治揭开,在传统的无为政治中这层统治本来并不很强的,基层上所表现出来的却并不完全是许多权利上相等的公民共同参与的政治。这里正是讨论中国基层政治性质的一个谜。

这样说看上去似乎也确实像有些人所认为的:"中国虽没有政治民主,却有社会民主。"或者是"中国政治结构可分为两层,不民主的一层压在民主的一层上边"。根据费孝通在《无为政治》中的分析:

这些看法都有一部分近似；说近似而不是说确当是因为这里还有一种权力，既不是横暴性质，又不是同意性质；既不是发生于社会冲突，又不是发生于社会合作；它是发生于社会继替的过程，是教化性的权力，或是说爸爸式的，英文里是paternalism。

爸爸式的，决定了乡土社会的男权和皇权的主导性，教化者就是"父亲"。"子不教，父之过"说的也是这个意思。但是，费孝通用了一个新名词叫"长老"，不是"爸爸"，"长老"在宗教里边有这个群体，即富有教化权威和责任的人，通常也是资历深厚的年长者。一个"长"字和一个"老"字，在长幼尊卑明显、尊长敬老的社会里，其地位之崇高就表示出来了。

教化是一种独特的权力

教化是社会继替的需要，长老在提供着这种教化。"社会继替"是费孝通在《生育制度》一书里提出的新概念。这里需要在这个概念下来理解长老统治。个人生命是有限的，但是一代一代人接替继承，社会就会长久存在。代与代之间的接替继承就是"社会继替"。用费孝通的话说：社会继替"是指社会成员新陈代谢的过程"。他把个人在这个世界的过程说成是"逆旅"，如同住临时客栈一样，来之前就有了一套规矩：

> 没有一个新来的人，在进门之前就明白这一套的。不但如此，到这"逆旅"里来的，又不是由于自己的选择，来了之后又不得任意搬家；只此一家，别无分店。……没有在墙壁上不挂着比十诫还多的"旅客须知"的。

要明白这些"须知"，就需要一番教化，"使他能在这些众多规律下，从心所欲而不碰着铁壁"。

社会中的规则或者规范，有些是社会冲突的结果，有些是合作的结果，但不管怎么来的，都需要人知之并遵守。因此，人就需要学习，需要教化，而承担这一教化责任的，就是当地的长老们。

可是，学习这事儿并不都是那么愉快的，"学习时还得不怕困，不惮烦。不怕困，不惮烦，又非天性；于是不能不加以一些强制。强制发生了权力"。费孝通说这种权力既不是同意权力，也不是横暴权力。比如说小孩子必须穿鞋才准上街是一种社会契约就过分了：

> 个人对于这种契约虽则并没有自由解脱的权利，但是这种契约性的规律在形成的过程中，必须尊重各个人的自由意志，民主政治的形式就是综合个人意志与社会强制的结果。

这并不是教化，教化更重视文化教育，"被教化者并没有选择的机会"。这套规则是社会继替一代代传下来的文化,先于他而存在。我们不是让小孩子在自己的"意志"下选择需要的规则,因为小孩子的"意志"不是心理现象,而是社会承认的问题。因之也不存在同意不同意的问题,教化就不会是同意权力。

为什么不考虑儿童的意志,而又不认为这种权力是"横暴权力"呢?首先教化权力不是民主的,因为不会首先得到孩子的投票表决,之后才发生教化。费孝通这样说的:

> 我曾说:"孩子碰着的不是一个为他方便而设下的世界,而是一个为成人们方便所布置下的园地。他闯入进来,并没有带着创立新秩序的力量,可是又没个服从旧秩序的心愿。"(《生育制度》,101页)从并不征求、也不考虑他们同意而设下他们必须适应的社会生活方式的一方面说,教化他们的人可以说是不民主的,但是说是横暴却又不然。

为什么呢?从《乡土中国》里《无为政治》一章对横暴权力的定义可知,"横暴权力是发生于社会冲突,是利用来剥削被统治者以获得利益的工具"。而教化过程既不是统治者与被统治者间的剥削关系,也不是利益团体之间的社会冲突问题。

接着,费孝通还比较了严父和专制君王的性质不同的问题,以此来说明教化权力不是横暴权力。表面上看,孩子受到很多的干涉，甚至"在最专制的君王手下做老百姓，也不会比一个孩子在最疼他的父母手下过日子为难过"。但这种关系毕竟不是统治关系，而是为了让孩子学会这套生活在社会人群中的生活方式，既为社会的利益，又为受教化者的好处。教化过程绝不是统治关系，而是教学关系。

教化在亲子关系中最明显，但又不限于亲子关系，社会里处处都有教化的现象，邻里街坊都在教化着我们如何与人相处，如何适应群体生活。所以，这种教化权力是文化性的，不是政治性的强制权力。我们现在的学校教育即承担着教化功能，不仅仅是传授科学知识，更要让学生学会一套现代生活方式。美国实用主义哲学家、教育家杜威老先生强调，教育即生活。这一理念也影响了教育家陶行知先生在中国传播推广生活教育。这也确实暗合了费孝通所说的教化权力的实质，不是同意权力，虽有所强制但又不是横暴权力，其性质本身是文化的。

那么文化和政治的区别在哪里呢？费孝通的归纳是这样的：凡是被社会不成问题地加以接受的规范，是文化性的；当一个社会还没有共同接受一套规范，各种意见纷呈，求取临时解决办法的活动是政治。"文化的基础必须是同意的，但文化对于社会的新分子是强制的，是一种教化过程。"当然，这个文化的共同接受性是有限制的，同一个社会不同区域的文化都不同，各自本着自己的同意而教化。比如西方社会多信仰基督教，不祭拜祖宗；而中国文化是要拜祖宗的。另外，即使是同一个地方的人们，因为阶层的不同，还分化出了贵族文化和贫民文化，这是文化资本的差异，也是教化的结果。这些都说明文化的"同意"大抵是在一定范围内的。也许当文化之间冲突后，就会发生政治权力的强制性。亨廷顿的《文明的冲突》中所说的当然是一个显著的大地域、大文明之间的冲突问题。乡土社会里，教化的文化性，因为社会继替的刚性较强，一代代之间文化生活方式变化较小，也更具有"同意的基础"了。

因此，费孝通分析的结论是，在乡土社会里可以说是没有政治的，有的只是教化。虽然不完全只有教化，但庶几近之。所以他说："'为政不在多言''无为而治'都是描写政治活动的单纯。"我们说"无为而治"是黄老哲学下的政治行为，而从传统乡土中国里儒家教化的社会看，这种"无为政治"是当时生产力条件下的儒家思想的外显。

在这种"无为而治"的社会里，情况是这样的：

> 人的行为有着传统的礼管束着。儒家很有意想形成一个建筑在教化权力上的王者；他们从没有热心于横暴权力所维持的秩序。"苛政猛于虎"的政是横暴性的，"为政以德"的政是教化性的。"为民父母"是爸爸式权力的意思。

教化权力来自稳定的文化

乡土中国里能形成这种教化权力,确实是来自稳定的文化。假定社会变迁迅速,跟上潮流的更可能是年轻人,长者的经验、学习的东西都过时了,哪里还能来教化他人呢?所以,费孝通说这种教化权力,"稳定的文化传统是有效的保证"。但是,我觉得,即使脱离了乡土社会,最基本的"人之所以为人"的规则,比如诚实、勇敢、热心助人等都是稳定的文化传统,时代风尚可变,但这些基本的东西不会变。因此,教化权力大概永远不会完全消逝吧。

乡土社会里社会变迁缓慢,可以约等于不变。这样,年幼之人就可以向年长者学习他们曾经历的事情了。比如结婚典礼,年轻人找知道的长者随时指导一下,就可以了。这样的长者成了"师"。"三人行,必有可以教给我怎样去应付问题的人。而每一个年长的人都握有强制年幼的人的教化权力:'出则悌',逢着年长的人都得恭敬、顺服于这种权力。"因此,我们是尊老的文化,因为"老"意味着经验多、见识广,权力也就大。"吃的盐比你吃的粮食多""过的桥比你走的路多"说的就是这个意思。

在这种教化权力下,长幼有序就不可避免了。所以,我们一见了面就容易问人家年龄,决定称呼其"大哥"还是

"大爷","大姐"还是"大妈"。不管如何,要做到长幼有序,做到懂得礼貌。如果做了文化比较,在我国文化里,亲属称谓是很具体而细的。费孝通说,他的老师史禄国先生就曾提示过,"这种长幼分划是中国亲属制度中最基本的原则,有时可以掩盖世代原则"。因此,"亲属原则是在社会生活中形成的,长幼原则的重要也表示了教化权力的重要"。

然而,一旦社会变迁加速了,文化不稳定了,依靠传统的办法生活不灵光了,教化的权力就会跟着缩小。记得作家阎连科讲过一个故事:有个人很勤快,每天很早就起床拾粪,庄稼长得好,获得了省劳模。可是,后来改革开放几年后,人们用各种门路很快致富了,他依然不变自己的方式,成了最穷的人。环境变了,人不跟着变,应付生活的办法就发生问题了。

在变迁中教化权力缩小了,"缩进亲子关系、师生关系,而且更限于很短的一个时间"。这话总结得很有预见性,现在的时代大抵如此。即使家长和老师,如果不坚持学习新事物,就会成为孩子和学生嘲笑的对象。有个高中语文老师曾告诉我,他为了跟上这些孩子们,就去读韩寒、郭敬明的作品,听周杰伦的歌等。一旦学生知道老师与他们同步的时候,就有了共同语言,不会再说"老师,你啥都不懂,不给你说了"这样的话。所以,现在年长已经不是什么权威的资本了,还很可能是落伍的符号。

变迁社会的原则是这样的:

在社会变迁的过程中，人并不能靠经验作指导。能依赖的是超出于个别情境的原则，而能形成原则、应用原则的却不一定是长者。这种能力和年龄的关系不大，重要的是智力和专业，还可加一点机会。

在这个创新经济的时代，就是这样的。即使讲机会，也是年轻人的多，像不少专业领域的工作人员，都是年轻的吃香，比如计算机工程师、演员、歌手，甚至老师都趋于年轻化了，公务员也是向知识化、年轻化和专业化发展。梁启超也说过年轻人积极进取，老年人则容易保守。年轻人"不怕变，好奇，肯试验"。"在变迁中，习惯是适应的障碍，经验等于顽固和落伍。顽固和落伍并非只是口头上的讥笑，而是生存机会上的威胁。"这话非常有预见性，现在中国社会已经形成了这种年轻有优势的削弱"长老统治"色彩的时代。

我怀疑费孝通这个预见性来自于他对美国社会的观察。比如，他接着说：

在这种情形中，一个孩子用小名来称呼他的父亲，不但不会引起父亲的呵责，反而是一种亲热的表示，同时也给父亲一种没有被挤的安慰。尊卑不在年龄上，长幼成为没有意义的比较，见面也不再问贵庚了。——这种社会离乡土性也远了。

这不就是说的美国社会吗？！孩子们叫父母，可以叫昵称，不仅是名字。在美国对其他长辈也可以直接叫名字，比如我们称呼导师，在中国文化里，那是某某老师，甚至像某些还会上升到某某老的地位，费孝通本人晚年就成了"费老"，哪里会直呼其名，更不敢称呼"昵称"。而美国教授，学生几乎都是直呼其名，或者直接叫类似昵称的名字，像我的导师戴维·诺克（David Knoke），我就是直接叫戴夫（Dave），我的一个朋友的导师名叫安德鲁（Andrew），他就直呼其名为安迪（Andy）（我的一位在明尼苏达大学商学院的老师，他也叫安德鲁，同学们也都直呼他为安迪）。这是中美文化的差异之一，长幼尊卑的差别确实是其背后的力量。

走出乡土，教化权力的未来

费孝通创建的新名词——长老统治，确实抓住了教化权力在乡土社会里的本质。乡土中国里能形成这种教化权力，确实是来自稳定的文化。这种教化权力，既不是横暴权力，也不是同意权力，因为其年龄因素决定了经验的多少，而经验又是文化稳定下讨生活的优势，从而"长老"就拥有了这种教化的权力。

如果我们深入事实考察的话，这种教化权力其实不仅仅来自年龄上的"长"或者"老"，长老的权力，还来自于辈分、地位、声望等因素。《红楼梦》里后廊上的贾芸虽然比贾宝玉年龄大,可是没有办法拥有教化宝玉的权力。贾芸虽然年"长",但不仅"辈分"小,喊宝玉"宝叔"(宝玉还开玩笑要认他做干儿子),而且位卑,只是贿赂了"琏二奶奶"王熙凤才在贾府弄到一个种花养草的职位。这在乡土社会里是很正常的,教化权力虽说与年岁有很大关系,但还有其他诸多影响因素。

当我看到"长老统治"这个名词的时候,我更多地想到的是农村在乡土特色还很浓厚的时候,村里的"头人"——谁家婚丧嫁娶的"大总",嫁娶时候称呼其为"喜总",这个人是年龄、身份和声望兼具的人,他的权力是在日常生活中自然形成的。他们平时给村民东家西家评理说事儿,是中间协调人,"情面"很大,也是这种声威和情面,使他们取代了诉讼在乡村里维持司法公平的功能。他们与地方官一样在传统社会里承担有教化功能。小说《白鹿原》里的白嘉轩就是一个例子,他是族长,在村里的作为就有"长老统治"的味道。在一些不是这样严格的家族式村庄里,比如我出生成长的豫东平原一个小村庄,如今能够从老年人嘴里获知的是,在过去一百多年里,这个村庄的"头人",或者说"长老"都是在长时间的生活里自发产生的。

在现代化过程中,国家权力逐渐进入乡村,自发的"长老"与上级中意的人选不少时候是不一致的,这样就产生了冲突。同时,因为文字下乡,新生代知识阶层进了城,也很难找到优秀的人才来继替原来的"头人"。20世纪初废科举,在知识西化,也就是按照西方的学科体系安排语文数理化等课程之后,新兴知识阶层在乡村找不到用武之地,就奔向了城市,乡村没了传统的维持地方秩序的绅士阶层,土豪劣绅地主恶霸随之兴起,这也是共产党革命的一个合法性来源。

在这个过程中,长老统治逐步弱化。"文革"之后,传统被打乱,随之而来的是前所未有的改革开放和经济建设的迅猛发展,一切都是新的。20世纪80年代,那是一个千年难逢的年代,剧烈的变迁,让老年人一下子成了"弱者"的代名词,长老统治的基础几乎荡然无存。当时农村有了电视之后,年轻人迅速了解了许多外面的东西,老年人则很不明白了。邓丽君和崔健让年轻人的活力火上浇油,时代如滚滚列车,火车头则是青年人。那是个人才辈出、理想勃发的年代,但这些都不属于"长老"们。早期的进城打工潮的先锋队是青年人。

如今,村民大都到各地的城市谋划自己的生计,空洞的村庄,再也没有了"长老统治"的土壤。

即使在学校,师生关系也不同于传统了,以知识为消费品的教育,几乎脱离了乡土社会里教育是为了"知书达理"如何做人的学问。学校里的师生关系似乎更像商人之间的交换关系,我交了费,你教我知识,一把一利索(新东方这类培训学校,更是推波助澜,把这一点做到极致;希望传统的一些师道还可以延续)。

这一点似乎预示着,我们已经把乡土社会甩了很远。但是,称呼中的"长"和"老"的长幼尊卑文化,仍然还会存在一定的时期，在可预见的未来也不会消失。中国文化会有自己的逻辑，走出一条属于自己的道路。

父母：永不退位的"长老"

我觉得，只有父母大概是永不退位的"长老"。不久前我写了篇文章，介绍美国父母教育孩子的理念，认为孩子不能放养，而要培养。这个培养就是发挥父母的"长老统治"的作用。我愿把这篇文章放在这里，作为教化权力最后龟缩的领地的展示。这是非乡土社会里的父母的长老角色，大抵可以告诉我们点什么。上海《新闻晨报》发表此文时，编辑换了一个题目叫《父母要当孩子的"贵人"》，原文如下：

> 孩子不能"放养"，而要培养。对父母来说，如何培养则是一个文化资本的问题。美国社会学会会长安妮特·拉鲁教授的《文化知识和社会不平等》[1]一文或许能给我们一些启示。
> 这里的文化知识，不是指我们在学校里接受的知识，而是指体制和社会机构运作的游戏规则，拉鲁概括

---

[1] Annette Lareau, "Cultural Knowledge and Social Inequality", *American Sociological Review*, Vol. 80, No. 1（2015）, pp.1-27.

为"文化资本"。比如，中产阶级家庭的孩子从父母那里学来的待人接物和对学校教育的了解，是工人阶级的孩子所接触不到的，我们可以说，那些中产阶级的孩子就具有了文化资本，从而有了竞争的优势。

拉鲁的研究是从20年前开始的，当时访问了88个美国家庭，包括不同种族和阶级背景的三到四年级孩子，然后写了一本社会学著作《不平等的童年》。十年之后对12个家庭跟踪研究，把十年的变化加进去，修订了这本书。又过了十年，那些孩子到了30岁的时候，拉鲁又进行了访谈调查，研究结果表明，寒门子弟缺乏的不仅是经济资本，还有文化资本。这使他们很难实现我们时下所说的"逆袭"。

教育学界有个争论，即孩子是自由发展好，还是需要家长指导。自由发展一派认为，孩子要有快乐的童年，让其自由发展，家长不该管。而拉鲁的研究发现，中产阶级家长都在管着自己的孩子，从在学校的学习方法、考试、与老师的互动，甚至选课，当然还有大学及专业的选择等无所不包，因为他们对此都有着自己的经验，也有资本，所以孩子在他们的指导下，大多数都能发展不错，到而立之年，可以有良好的生活习惯、不错的经济收入、较满意的小家庭。再看那些寒门子弟，父母往往都不具有指导孩子的能力，他们也不了解教育和学校机构运作的规则。这些孩子即使很用功，也往往成绩不佳，进不了好大学，或者很难毕业,容易成为无家可归者,甚至在街头吸毒流浪,不仅生活习惯不好,经济收入低下,而且很难组成家庭。

以中产阶级家庭家长指导成功的典型女孩史黛西为例,她的妈妈有数学硕士学位。在史黛西求学过程中,妈妈一直紧紧跟随指导:从小时候就给她报体操课,游说学校单独自费考试让女儿进入"优质班",史黛西的大学微积分课遇到危机,又指示她找学生顾问换课,这样可以保持漂亮的成绩单,不至于在申请研究院时被拉后腿,等等。结果,史黛西不仅本科读了马里兰大学,还在俄亥俄州立大学读了研究院;30岁时,有了自己的家庭,丈夫是读研究生时的同学,如今儿子已经两岁。通常看来,这个女孩如果没有妈妈的一路指导和干预,她很可能像那些寒门子弟一样,高中都毕不了业。

由于这种文化资本的缺乏,在美国,寒门子弟中能够实现逆袭的很少。拉鲁从另外一项研究中,找到了一个寒门子弟尼克进入中产阶层的例子。尼克来自工人阶级家庭,父母不具有指导他求学的文化资本,但是他在关键时刻都遇到了贵人,弥补了家庭的不足。尼克学习天分很好,高中毕业前,他想要学医,一位高中学校顾问帮他找了当地医生,为他提供意见和建议、当参谋。于是他去了常春藤盟校哥伦比亚大学。这是第一次贵人相助。第二次是在哥伦比亚大学,他发现自己学习不得法,在人才济济的地方就显示出自己的缺陷,好在第二个贵人又出现了——尼克交到了一位好朋友，一起学习的伙伴教给了他学习的方法。第三次则是在申请医学院时，他在哥伦比亚大学医院实习中认识的朋友帮他介绍，把他从候补名单转成正式录取。

近些年，美国也一直在讨论寒门子弟因为不了解大学录取情况而错过了上好大学的机会。这就是文化资本的逻辑在起作用。我国近几年也在讨论"寒门难出贵子"，除了经济因素外，文化资本也同样发挥着作用。一味批评这种不平等没有多少意义，怎么做才更重要。为了能让寒门子弟多些向上流动的机会，各级学校可以设立顾问机构或学生咨询机构，实施导师制，让学生在学习和生活中强化对学校和体制运作的了解，以便更好地适应和利用学校资源。贵人是可遇而不可求的，设立常规制度可能更有帮助。

另外，拉鲁还有一个有意思的发现：如今指导孩子上学的家长，一般都是妈妈。看来，具有文化资本的妈妈也是孩子良好发展的基石，她对孩子不会"放养"，而是会进行正确指导的"培养"。

这里，父母的经验和知识，则成了孩子发展的文化资本。这种教化权力，我们似乎可以归为走出乡土后人们仅有的一个"长老统治"的领地。不过，这里父母和孩子双方在人格上是平等的，父母已不同于传统社会里的"长老"。不过事实上，在不少家庭，这种父母"长老统治"也几近消失。

十二　血缘和地缘：两个世界

> 生存下来的策略一般都是结成大小不等的群。
>
> ——罗伯特·艾克斯罗德[1]

艾克斯罗德的这句话告诉我们，人类社会是以"群"的方式存在的。在中国早期翻译中，严复就把"社会学"翻译成"群学"。群是生存的策略，但是群体生活需要一个联结纽带，用什么来把群体中的个人联结在一起，形成一个可以共生的群体呢？最原始的就是血缘，即亲子关系组成的群体。早期是氏族、部落，后来又有门阀大族、宗族、家族等以不同的血缘组合方式结成的群体。这种血缘联结的群体恰好又占据着同一片土地和同一个空间，又是地缘的。这样，血缘

---

[1] [美]罗伯特·艾克斯罗德著：《对策中的制胜之道：合作的进化》，吴坚忠译，上海：上海人民出版社1996年版，第126页。

与地缘是重合的。现代社会则在打破血缘,通过以职业为导向的地缘重组社会秩序,取代过去的血缘、地缘重合方式。

费孝通在《乡土中国》的《血缘和地缘》一章中,以血缘和地缘组合社会的视角来透视社会性质的变迁,给我们提供了一个观察社会走向的风向标。

血缘:人类群体生活最原始的纽带

在前面讲长老统治时,长幼差别和稳定的社会文化是教化权力的基础。而这样的社会是以血缘为基础的,属于血缘社会:

> 血缘的意思是人和人的权利和义务根据亲属关系来决定。亲属是由生育和婚姻所构成的关系。血缘,严格说来,只指由生育所发生的亲子关系。事实上,在单系的家族组织中所注重的亲属确多由于生育而少由于婚姻,所以说是血缘也无妨。

在一些社会里,这种生育发生的关系就成了社会地位的决定因素,而在其他社会里却不是这样。这也是社会性质不同的标志。比如说皇权时代的帝王把皇位传给嫡长子,而现代社会领导人却是通过选举产生。前者就是生育的血缘关系带来的社会关系，这种关系决定了一个人的社会地位。血缘世袭的社会有着漫长的历史。后来科举制一定程度上发挥了超越血缘实现社会流动的功能，比如在科举制完善的中国宋代，就是通过科举将社会地位以科考成绩来分配，而不是贵族子弟靠了血缘可以获取的。但是，在同时代的韩国，科举则被贵族们规定只有他们内部的嫡长子才可以有资格参加考试进而做官，形成了"两班社会结构"。这在一定程度上对血缘的要求更高。

费孝通说："大体上说来，血缘社会是稳定的，缺乏变动；变动得大的社会，也就不易成为血缘社会。"尽管如今美国布什家族已有父子两人当过总统，又一个小布什将参加竞选下一任总统，但这是民选而不是世袭的，含义迥然不同。因为这个社会的性质已经是民主社会了。

费孝通这里指出：

> 社会的稳定是指它结构的静止，填入结构中各个地位的个人是不能静止的，他们受着生命的限制，不能永久停留在那里，他们是要死的。血缘社会就是想用生物上的新陈代谢作用——生育——去维持社会结构的稳定。

这个稳定的结构是这样的：

父死子继：农人之子恒为农，商人之子恒为商——

> 那是职业的血缘继替；贵人之子依旧贵——那是身份的血缘继替；富人之子依旧富——那是财富的血缘继替。

在人类历史中，这种以血缘来完成继替的方式，想完全摒弃也不可能。比如现代社会，知识分子的孩子成为知识分子的可能性高于一般家庭，官员家的孩子从政的较多，商人之子从商的也更多。他们以隐形的血缘纽带，承接着后天的文化资本和社会资本，是这些资本让他们的子女更可能从事父辈的事业。这本身很复杂，不仅仅是因为生育发生的社会关系带来的专制"世袭"。

血缘是天生的，个人无法选择：

> 血缘所决定的社会地位不容个人选择。世界上最用不上意志，同时在生活上又是影响最大的决定，就是谁是你的父母。

这确实是大实话。在如今这个社会不平等状况加剧的时代，有人"奋斗了18年才和你一起喝咖啡"，但是更多的人，可能奋斗终生也喝不到这杯咖啡。富二代王思聪之类的人们就是叼着金饭勺来的，寒门子弟的机会越发减少。用俗话说，这就是"命"，父母是谁，那是个人无法选择的。"谁当你的父母，在你说，完全是机会，且是你存在之前的既存事实。"就是这个老天给定的事实，于人而言，方便了后天的选择之门：

社会用这个无法竞争，又不易藏没、歪曲的事实来作分配各人的职业、身份、财产的标准，似乎是最没有理由的了；如果有理由的话，那是因为这是安稳既存秩序的最基本的办法。

这个原则一旦被接受，社会里就少了很多纠纷。当然，这个原则也不断地受到质疑和挑战。李世民和杨广就不甘心立长规则，使用了各种手段，终于得逞。

长子继承制是典型的基于生育的社会关系决定社会地位的制度。稳定是血缘标准的功能之一。费孝通说：

　　血缘是稳定的力量。在稳定的社会中，地缘不过是血缘的投影，不分离的。"生于斯，死于斯"把人和地的因缘固定了。

地缘：人类社会中空间权力的分布

　　早期血缘关系组成的群，必然在领地上也是一起的。这种形态，在现代社会最基本的单位小家庭里的表现，是孩子要和父母在一起生活一定时间。在古代，更是这样：

　　生，也就是血，决定了他的地。世代间人口的繁殖，像一个根上长出的树苗,在地域上靠近在一伙。地域上的靠近可以说是血缘上亲疏的一种反映,区位是社会化了的空间。

这里的"社会化了的空间"是一个很有洞察力的概念。空间是一种权力符号,这种符号在社会化过程中,在人们头脑里形成印象。紫禁城的设计就是这样的帝国象征体系,贾府里的住宅设计也是这样的,甚至到了基层小村子里的一个家庭,一小片宅基地上的前后左右都是长幼有序的,堂屋是父母的,东边住着长房,西边才是儿子中老二的。其他的事物也都是这样有空间安排的。这也是地缘社会秩序下人们的生存策略。

这种空间的安排,体现着长幼尊卑的秩序。正如费孝通所说:

> 我们在方向上分出尊卑:左尊于右,南尊于北,这是血缘的坐标。空间本身是浑然的,但是我们却用了血缘的坐标把空间划分了方向和位置。当我们用"地位"两字来描写一个人在社会中所占的据点时,这个原是指"空间"的名词却有了社会价值的意义。这也告诉我们"地"的关联派生于社会关系。

甚至"籍贯只是'血缘的空间投影'"。费孝通祖上20多代都住在江苏吴江,他们的灯笼上还贴着"江夏费"的大红字,江夏在湖北。他的女儿出生在云南，在吴江没有生活过，籍贯还是写的"吴江"。籍贯是取自父亲的祖籍、和姓一般继承的，从而也是血缘的。

乡土社会因为其人口的流动甚少，家族和地理空间是合一的，这是社区的原始状态。地缘与血缘以重合的方式布排了社会的权力和秩序。

当然，乡土社会也不是完全不流动。一个地域里一旦人口增长过多，必须分离出来一部分。如果附近有土地可以耕种居住，就新造出一个村落来。不然，人们就要流落他乡。如果距离老家不远，血缘上的联系还是可以维持的。但是，空间距离过远就无法保持原来的血缘关系形成的群体了。这对于乡土社会里的人们来说，是一个残酷的生存挑战。因而，背井离乡是不受欢迎，也是很困难的事情。陌生人是不受信任的，而且因为没有了他们原来熟悉群体的支持而成为受欺压的对象。孔飞力在《叫魂》一书中描述了乾隆皇帝时游方僧因"叫魂案"受迫害的情形，就是因为他们游走他乡，作为陌生人被怀疑、受迫害的。中国人传统上的人际信任是建立在熟悉基础上的。家族企业也是因为信任无法推广的产物，近些年的传销因为"杀熟"，把原来熟人之间的信任甚至都要破坏掉了。总之，乡土社会里，人口繁殖需要新"领地"，那些被迫外出的人们要离开原来血缘领地一体的家乡，是很残酷的事情。

我生长的村子，除了第一大姓"陈"之外，还有高、李和吴三个姓。他们有的就是在可以考证的年代里搬迁过来的，据说，是在这个村里买了土地，从某某村搬过来的；有的是原来不住这个村，自己单住，但民国时期兵荒马乱，为了生存，不得不搬到村里住，得到些安全。如果姓这个姓的人很少，他们在传统的乡土社会里，在村里的公共场合，是没有话语权、说不上话的。做事总要谨慎，不受欺负就谢天谢地了。费孝通说他在乡村里观察到的现象：

> 如果这些没有血缘关系的人能结成一个地方社群，他们之间的联系可以是纯粹的地缘，而不是血缘了。这样血缘和地缘才能分离。但是事实上在中国乡土社会中却相当困难。

他看到一些村子里有所谓的"客边""新客""外村人"等。不管是"客"还是"外"，都是本地的弱势人物，因为他们离开了自己是"主人"和"自己人"的群体。

人情与货币：两种交换媒介

这些形迹可疑、不受信任的"陌生人"却有个身份的好处，可以从事特殊职业，做"商人"。这是熟人社会和陌生人社会性质很不同的一个特征。熟人之间有人情，但有些交易需要避开人情。人情有特殊性，针对一个具体的人的人情是不能推广到另一个人的；交易多了，超出了人情的范畴，出现了货币，这是普遍主义的标准。

熟人社会里是有人情的：

> 亲密的血缘关系限制着若干社会活动，最主要的是冲突和竞争；亲属是自己人，从一个根本上长出来的枝条，原则上是应当痛痒相关、有无相通的。而且亲密的共同生活中各人互相依赖的地方是多方面和长期的，因之在授受之间无法一笔一笔地清算往回。

用现代的学术话语说，就是长期多次博弈，这个很重要。一次博弈，好歹就一次，然后相忘于江湖。多次博弈，每次都会带着以往的交往历史。费孝通说：

> 亲密社群的团结性就倚赖于各分子间都相互地拖欠着未了的人情。在我们社会里看得最清楚，朋友之间抢着回账，意思是要对方欠自己一笔人情，像是投一笔资。欠了别人的人情就得找一个机会加重一些去回个礼，加重一些就在使对方反欠了自己一笔人情。来来往往，维持着人和人之间的互助合作。

这种现象在乡土中国里确实如费孝通所说的，人情成了一笔投资。但是，许多时候也不可以纯粹看成投资，一旦这样算计，那就是"薄情"，不是真的"感情"了。

> 亲密社群中既无法不互欠人情，也最怕"算账"。"算账""清算"等于绝交之谓，因为如果相互不欠人情，也就无须往来了。

也确实如此。一旦两人丁一卯二认真算账，就等于是陌生人了。

这种计较，在乡土社会里是不受大家欢迎的。我小时候有个邻居，他的宗旨是不借别人的东西，别人也别想借他家的东西。他的东西就放在面前，比如扫把、耙子，他不用时，你想借来用用，一会儿还给他。他会说："你借我的东西，你给我啥？不借，我的东西睡大觉也不借。"大家知道他这样，就不会欢迎他了。不过，说实在话，他还真不是谁都不借。我这个小孩子，借他家东西，一般都可以借到，甚至还借过他儿子的衣服穿去走亲戚。也许人和人的缘分不同，他对我真的不错。

不管怎么说，乡土社会里的"人情"是免不了的。也正因为这人情，相互之间的关系才重重叠叠复杂起来，磕磕碰碰也就在所难免。因此，恩怨是非在乡土社会里永远说不清楚，如同清官难断家务事一样。做生意最怕的就是熟人之间交易，所以，和钱有关的买卖通常不在熟人间进行。当然，有时候还有"道义经济"，比如谁家杀头猪，自己家肯定不舍得吃很多，要换个钱，补补急，就在村邻家家分着卖点儿。我记得小时候，我家想养几只羊，但买不起，我姨家有羊，就把一只老母羊借给我们养着，下了小羊羔，再把老羊还给她家，我们留下小羊。这也是一种亲戚之间照顾的方法，亲情和人情都有，但不是以货币为媒介的商品交易。

费孝通引述了他的导师马林诺夫斯基研究的布里恩德岛上的库拉圈交易，不是通过货币，而是相互的馈赠礼物式的交易。但是，货币的发明是人类文明的一大进步，因为货币作为等价物的媒介，让交易范围大大扩展：

> 社会生活愈发达，人和人之间往来也愈繁重，单靠人情不易维持相互间权利和义务的平衡。于是"当场清算"的需要也增加了。货币是清算的单位和媒介，有了一定的单位，清算时可以正确；有了这媒介可以保证各人间所得和所欠的信用。

货币引入以后，商业就发展起来了。而乡土社会因其社会性质，亲密的血缘社会里商业难以开展。

费孝通《乡土中国》出版不到十年，美国汉学家施坚雅提出了中国城市等级体系，把乡村集市作为第一级基层商业活动的集中地进行了很好的分析（见施坚雅：《中国农村的市场和社会结构》[1]）。我觉得这一点是超出了费孝通的学术视野。费

---

[1] [美]施坚雅著：《中国农村的市场和社会结构》，史建云、徐秀丽译，北京：中国社会科学出版社1998年版。

孝通稍微向前迈一步就可以发现这一点了，可惜他却止步了，或者说时事变迁，他没有机会了。施坚雅最令人兴奋的贡献是把基层的市场和农村社会结构联系起来。这个基层社会不限于村子，而是以一个集市为中心涵盖多个村落的区域。人们在一个集市上交往贸易、喝茶听书、说媒交友，甚至解决村庄里的纠纷等。这个以集市为核心的区域实际上等于把可以"当场清算的"经济活动找到了一个临时"陌生"的空间，大家都来这里贸易。费孝通也注意到了这点，他说：

> 普通的情形是在血缘关系之外去建立商业基础。在我们的乡土社会中，有专门作贸易活动的街集。街集时常不在村子里，而在一片空场上，各地的人到这特定的地方，各以"无情"的身份出现。在这里大家把原来的关系暂时搁开，一切交易都得当场算清。

费孝通还举例说：

> 我常看见隔壁邻舍家大老远地走上十多里在街集上交换清楚之后，又老远地背回来。他们何必到街集上去跑这一趟呢，在门前不是就可以交换的吗？这一趟是有作用的，因为在门前是邻舍，到了街集上才是"陌生"人。当场清算是陌生人间的行为，不能牵涉其他社会关系的。

十二　血缘和地缘：两个世界

其实这里费孝通说的，村民不在邻舍之间而是要到临时陌生的场所做交易的理由，是有一定道理的。但是，我的观察是，因为集市是十几甚至几十个村庄的人在交易，许多人已经脱离了熟人关系，一个人的熟人数量是有天然的限制的，不可能有那么多熟人，不可能几十个村庄的人都是熟人。即使有些偶有交往，很快就忘掉了，下次见了还是陌生人。因此，集市已经超出了村庄级别的熟悉社会，处在熟悉与陌生之间。这样，既然有许多陌生人在那里交易，熟人和亲戚之间，尽可能避开相互的"一把一利索"的贸易关系。

还有一点，费孝通说，那些外来的"客边"们则可以做生意了，因为他们是陌生人的身份。我的观察是，不这么简单，做生意没有当地的基础，比如没有过硬的实力后盾，地痞流氓就会把你的生意搞坏。一个外来者想赚钱干生意，本地人还没赚钱呢，哪能让你干。越是乡土性社会的地方，越是如此。有人说上海人排外，一个上海朋友给我做了一个假设，说明这个道理：假如你老家的人到上海做生意和上海人到你们老家县城做生意，看哪个更排外。我一下子无语。大都市生态丰富，机会也多，所以也更有容纳力。

不过，大都市也比乡土社会更没有"人情"，也更让钱来说话。货币是现代都市文明必不可少的部分。

从血缘结合到地缘结合：社会性质大转变

货币主导的社会，把人从土地里解放了出来。这样，血缘结合在以货币收入为目标的职业导向下逐渐瓦解，以地缘为组织方式的新秩序产生了。现代社会"从血缘结合转变到地缘结合是社会性质的转变，也是社会史上的一个大转变"。

费孝通说：

> 地缘是从商业里发展出来的社会关系。血缘是身份社会的基础，而地缘却是契约社会的基础。契约是指陌生人中所作的约定。

血缘是没有办法选择的，但是，在契约社会中却有选择的自由：

> 在订定契约时，各人有选择的自由，在契约进行中，一方面有信用，一方面有法律。法律需要一个同意的权力去支持。契约的完成是权利义务的清算，需要精密的计算，确当的单位，可靠的媒介。在这里是冷静的考虑，不是感情，于是理性支配着人们的活动——这一切是现代社会的特征，也正是乡土社会所缺的。

这一点到了美国我深有体会。这个契约社会，刚一来租房子就得签名，把房子各处看看，不然到时候退房要有现在没有看到的损坏要赔偿的。这就是契约社会，都是陌生人，没个契约怎么清算权利和义务的关系。

现代社会是马克斯·韦伯所说的理性社会，也是法理型社会，精于清算。这是陌生人组成的社会的必然趋势。人们离开土地来到城市，或者村庄经改革开放发展成了城镇，比如东莞，大多数人都是外地流动过来的，这样一个天南海北人口汇聚之所，必然不是一个熟人社会，尽管某些人是老乡一起出来打工的，但熟人人口数目少，构不成一个乡土性的熟人社会。如果所从事的职业不同，或者虽然行业相同，但不在一个单位，来往也会少起来。

当然，乡土情结还会在，在生存环境需要的情况下，老乡这个"血缘地缘"一体的概念还会被拿来作为结合在一起的资本。比如梁鸿在《出梁庄记》的"西安"篇里讲述，三轮车队的人，就用老乡的"血缘与地缘"为纽带，打群架，一呼百应，去机关门前示威抗议。因为大家都可能会遇到类似的困境，所以面对生存压力，可以一呼百应，临时集结成一个群体。即使在美国，两个人一聊起来，如果来自同一个州或者同一个城市，马上有种亲切感。记得六年前我第一次自己驾车走长途，从明尼阿波利斯市出发，天下着小雨，我心中很忐忑，来到爱荷华州某城给车加油，不熟悉那个加油方法，正在踌躇，来了个小伙子，很精神的白人青年，他帮我加了油。聊了几句，知道我从明尼苏达来的，在那里读书多年，他家是明尼苏达的，他在回老家的路上。我以为他是这里的工作人员，原来也是路过加油的。但因为和明尼苏达的共同渊源，我们马上很有老乡之感。乡土的地缘"桑梓情"也是现代社会无法完全冲走的一种人类情感吧。

然而，现代社会因为商业和工业的发展，人们主要是在职业需要下流动到可以谋生的地方，以地缘重新组织起来。按照易中天在《历史的底牌》讲座里所讲，古希腊商业之所以发达，是因为那时候打破了氏族。而中国，一切都要在"拟血缘"之下，家国一体，君臣父子。一表三千里，都可以是亲戚，"拟血缘"笼罩一切。也许，走出乡土的中国，这类血缘组织在消解，缘于职业需要的地缘重组在增长中。我们的籍贯不再那么重要，乡土的羁绊得到放松。

这都是生存的需要，或者说是生活的需要。同时，我们也要意识到，正如熊彼特在研究工业革命时指出的："工业革命在打破封建制度的桎梏的过程中，也摧毁了给予安全的机制。"[1] 同样，走出乡土，打破了血缘地缘一体的"乡土熟悉社会和人情负担"，同时也把传统的"古道热肠亲密情感"一道摧毁了。我们该怎么办才可以更好地做到平衡呢？

---

[1] 转引自 Lewis Coser, "Utopia Revisited", *A Handful of Thistles: Collected Papers in Moral Conviction*, New Brunswick, NJ: Transaction Publishers, 1988, p.79。

转型社会：亚当·斯密的两本书的启示

我们生活的世界有两个，一个是熟人圈，一个是陌生人世界。在乡土社会里，我们主要面对的是身边的熟人。在城镇化时代，则意味着我们更多地面对的是陌生人。如同我们当下的社会转型，二百多年前的英国开启了工业革命，社会开始从熟人社会向陌生人社会转型。在观察英国之后，亚当·斯密这位经济学的鼻祖和道德哲学家以两本经典巨著对其转型社会做了经济学和道德哲学的分析，对理解当下我们正经历着巨变的社会有很大的启示。

亚当·斯密的《道德情操论》首次发表于1759年，《国富论》首次发表于1776年，这两本书出版于英国社会转型开始的时代。现代人因为经济学的显学地位，让《国富论》广为人知，而《道德情操论》则少有人提起。有意思的是，《国富论》强调经济领域里看不见的手对经济的调节，而且假设前提是"人是自利的"，而《道德情操论》则是讲利他的道德情感的。这似乎矛盾，实际上却是如硬币般一体两面的。为什么会这样呢？

《道德情操论》是亚当·斯密的第一本书，写的是人本性里有追求被爱和可爱的东西，被爱才有幸福感；不管是被爱还是自己可爱，都是对自己周围的人所说的。身边的人，不管是家人、亲戚还是朋友，都是处在自己的熟悉社会里。因此，在生活里为了得到周遭人们的爱，有两条路可以选择，一条是对财富、权力和名望的追求，一条是对智慧和美德的追求。在亚当·斯密看来，前者容易使人陷入类似毒瘾的对名利的疯狂追求，从而远离了幸福；而后者虽然不能得到很多人仰慕，但是可以得到真正的幸福。这种富有智慧和美德的生活，也正是亚当·斯密自己一直奉行的生活方式，能使我们得到身边的人发自内心的爱。这种爱，不可能来自与自己没有接触的、不在熟人圈里的人们。也许是亚当·斯密对这种传统熟悉社会的情感的眷恋，面对转型的英国社会，他极为重视《道德情操论》一书，一再修订，而《国富论》却没有得到同样的待遇。

《国富论》讨论的是人们如何面对陌生人社会。因为随着专业化分工和技术的改进，交易市场越来越大；随着贸易空间的扩展，人们面对陌生人的机会越来越多。分工是效率的前提，自利是交换的前提。亚当·斯密认为自给自足是走向贫穷的道路，国民财富的增加必须走专业化和贸易的道路，这也是市场和现代资本主义的哲学根基。而交换则是在熟人规则之外，不是为了获得对方的爱，也不是要让对方觉得你很有爱心。正如亚当·斯密在《国富论》里的名言："我们的晚饭并非来自屠夫、酿酒师和面包师的恩惠，而是来自他们对自身利益的关心。"我们也知道，在乡土社会里，熟人圈里不能做生意，讲价都不好意思，还很可能买卖双方都觉得自己吃亏了。因此,追逐利润的贸易必然也是陌生人之间进行的。当然这种逐利贸易是国民财富的源泉,是一个地区和国家富裕起来必须进行的商业活动。《国富论》是关注国民财富的性质和原因的研究,不是教个人如何挣钱的。这也许是亚当·斯密作为经济学之父比当下许多经济学家伟大之所在。

不管如何,亚当·斯密的两本经典著作是一脉相承的,是讨论人们的幸福生活的。即使是社会转型后,我们也离不开熟人社会,正如另一位经济学大家哈耶克在《致命的自负》里所说,一个现代人必须同时生活在两个世界里,一个是亲密情感的世界,一个是陌生疏远的世界;前者是因爱而形成的世界,后者是因价格和货币动机推动的世界。熟悉世界里的规则不能推往陌生世界,就如家庭的规则不能推广到整个社会。因此,父母官的说法在他看来是一个糟糕的现代社会的法则。当然,陌生贸易世界的规则也同样不能实施于情感亲密的熟悉世界。比如,商业行为原则不能移植到亲戚和朋友等熟人圈,这样做的人注定很难成为一个可爱的人。

在当下的中国,走出乡土社会是一个不可阻挡的大势。富有乡愁的人越发多了起来,不少人感叹,伴随着富裕社会的到来,人依靠人的时候越来越少,来往也因之越来越稀,情感越发淡漠,甚至人情也要商品化了。亚当·斯密两百年前面对英国社会转型写出的两本经典著作告诉我们,这两个世界有不同的游戏规则,只有协调好这两个世界的生活,我们才能真正得到幸福。

十三　名实的分离：传统与现代的张力

说乡土社会是一个静止不变的社会不过是为了方便比较。事实上，乡土社会虽然变化缓慢，但一直变化着，而且速度也不是均匀的，时缓时速。汉代的中国与宋代的中国就不一样，明清的中国又不同于宋代。因为生产力的发展，社会关系也在变化，上层建筑的意识形态也在变化，所以汉代有"古文""今文"之辩，宋明两代有宋明理学等。但是，变中又有不变的东西，在意识形态上，必须保持"古法"，即祖宗之法的不可变更性。事实的变迁又要求适当改变古法以适应新的生活需要，就产生了"注释"，以新的解释来为"变化"的合法性服务；而变化也带来了新的权力群体，对他们的权力费孝通用了一个形象的名词，叫"时势权力"。《乡土中国》中的《名实的分离》，对于理解中国社会，甚至更广泛意义上的任何社会所提供的政权合法性的意识形态与变化着的社会事实之间的张力，都很有借鉴意义。

缓慢变迁的社会：时势权力的一面

费孝通在《乡土中国》前面章节里讨论了三种形式的权力，从社会冲突里发生的横暴权力，从社会合作里发生的同意权力，以及社会继替过程中发生的长老权力。在《名实的分离》这一章中，费孝通提出了一种"时势造英雄"造出来的权力，叫"时势权力"。这种权力是在变化的社会，人们掌握并适应了变化从而占有优势，给个人或者群体带来的实际力量。比如电脑刚开始普及的时候，运用第一代计算机知识和计算机技能的人，他们就有了优势，在那个时候成了"英雄"：搜狐的张朝阳、微软的比尔·盖茨、脸书的扎克伯格，还有苹果的乔布斯等，都属于"时势权力"人物。改革开放初期的那些新富们，不是依靠传统，而是靠时势带来机会，其致富能力也可以说是"时势权力"。

社会变迁是相对于社会静止状态而言的。费孝通说："社会继替是指人物在固定的社会结构中的流动，社会变迁却是指社会结构本身的变动。"这两种过程可以并存而不冲突。过去、现在和未来都是连续的继承性和变革的创新性的综合体。有人说，世界上唯一不变的东西是"变"。中国古老的经典《易经》，就是讲变与不变的。也因为这两类状态的同时性，两种权力，即长老权力和时势权力才可以并行。

然而，两种权力还有此消彼长的现象。社会变迁得慢些，长老权力就强些，变迁得快些，时势权力就强些。变迁得过快，就会发生"父不父，子不子"的现象。社会结构之所以要变，是因为如文化一样，社会结构也是人们从环境里获取满足生活需要的工具。一旦这种结构满足不了生活所需，就要发生改变。这里费孝通列举了一个物质工具的例子作为类比：

> 好比我们用笔写字，笔和字都是工具，目的是在想用它们来把我们的意思传达给别人。如果我们所要传达的对象是英国人，中文和毛笔就不能是有效的工具了，我们得用别的工具，英文和打字机。

当然，费孝通考虑的是对整个社会来说的，实际上一个社会内部是划分不同的利益群体的，变迁对于不同的群体带来的冲击是不一样的，这里边有斗争。比如隋唐社会，在维护皇权自身的需要下，打击门阀贵族，是通过科举制来把有才能的人选拔到政府里，而不是门阀贵族垄断权力，不管其有无才华。一方面，这是朝廷皇权维护自身的需要；另一方面，也是下层百姓想使身份地位向上流动的愿望的体现。这样新的社会结构对于原来的门阀贵族是不利的，却有利于帝王的统治和下层百姓的向上流动，整个社会的活力被调动起来了。我们也可以说，门阀贵族代表了社会结构不变下的"长老权力"，他们掌握了话语权，而科举出身的平民子弟则是掌握了知识适应新社会机制的"时势权力"者。费孝通似乎忽略了社会群体内部不同利益群体对变迁的不同态度和行为。

关于旧有社会结构不能适应新环境，费孝通说：

> 新的环境发生了，人们最初遭遇到的是旧方法不能获得有效的结果，生活上发生了困难。人们不会在没有发觉旧方法不适用之前就把它放弃的。旧的生活方法有习惯的惰性。但是如果它已不能答复人们的需要，它终必会失去人们对它的信仰，守住一个没有效力的工具是没有意义的，会引起生活上的不便，甚至蒙受损失。

但是，新的生活方法也不是容易得来的，它需要"有人发明，或是有人向别种文化学习、输入，还得经过试验，才能被人接受，完成社会变迁的过程"。在这个过程中，那些发明者、从别种文化学习的引进和输入者、试验者等，比如孙中山、胡适、费孝通等都是社会变迁过程中的"文化英雄"。这时发生的权力，既不同于横暴权力（不是建立在剥削关系上的），也不同于同意权力（不是社会所授权的），也不是长老权力（不是根据传统的），因为"它是时势所造成的，无以名之，名之曰时势权力"。

这种权力不仅在现代变迁剧烈的社会容易看到，甚至在初民社会也可以常看到："在荒原上，人们常常遭遇不平常的环境，他们需要有办法的人才，那是英雄。"但时势大英雄，在任何时代都是稀有珍贵的。

在《世界是平的》[1]一书中的现代世界里，互联网和城市化一起，把世界的发展推到了一个新时代：不是土地，也不是资源决定财富，而是智慧或者知识，新的知识信息和想法、创新等会带来财富。这种知识经济下的富豪不是世袭的，不是（政治）权力的，而是知识和智慧的。土地是农业社会的财富之源，资源是工业社会的财富之源，而新的时代，信息和知识经济时代，知识和智慧才是财富之源。因此，这个时代可以出现如乔布斯和扎克伯格这类的"时势英雄"。

我们走出乡土的时代，恰好与网络化和城市化发展几乎同步，时势权力也在走出乡土中，成为我们可以利用的权力，它冲破了传统的权贵集团。因为知识和智慧的非垄断性、创新的非垄断性，让"时势英雄"们在传统的权势之外产生。

时势权力，英雄的基石

英雄常诞生于非常时期，尤其是战争中。为什么三国时代那么多英雄，星光灿烂？那是乱世，乱世出英雄。剧烈变

---

[1] Thomas L. Friedman, *The World is Flat: The Globalized World in the Twenty-first Century*, New York: Penguin Books Ltd., 2006.

化的乱世中最需要有创造生存办法的人物。

联系到现代社会，费孝通说：

> 现代社会又是一个变迁激烈的社会，这种权力也在抬头了。最有意思的就是一个落后的国家要赶紧现代化的过程中，这种权力表示得也最清楚。我想我们可以从这角度去看苏联的权力性质。

在以俄为师的党派下，对苏联的权力性质的认识自然是极为重要的，当时的人们很少了解到真实的苏联。费孝通的观察是：

> 英美的学者把它归入横暴权力的一类里，因为它形式上是独裁的；但是从苏联人民的立场来看，这种独裁和沙皇的独裁却不一样，如果我们采用这个时势权力的概念看去，比较容易了解它的本质了。

费孝通很粗略地提到这一点，没有深入分析怎么样就是时势权力了。从上下文看，大概就是苏联的"现代化"，让其政权具有了时势权力的一面，是时势造英雄促成的苏维埃政府合法性。如果没有现代化这个意识形态的保护神，当时的苏联政府是不会有这样的合法性的，会更符合横暴权力一面。

安定的社会不容易发生这种时势权力。庸常时代是英雄的悲哀。相对安定的社会，变迁缓慢，很少出现"领袖"和"英雄"。乱世英雄，这个说法就表明，英雄是要"乱世"来修饰的。一个社会继替如孔子所说的"三年无改于父之道"，是一种安定的社会。这里费孝通插入分析了儒家所注重的"孝"道："其实是维持社会安定的手段，孝的解释是'无违'，那就是承认长老权力。"我们知道，长老代表的是传统，遵守传统就是遵守父之道，也可以说是无违于父之教。如果都这样遵守传统，大清国就不会灭亡，如今还会君君臣臣，父父子子。可惜，时势英雄们如孙中山、黄兴等还是推翻了帝国王朝，开启现代国家体制的建立进程。也因此，"革命"曾成了一个最有力量的、无可违逆的行动合法性的霸权词汇，因为它，多少人头落地、多少沧桑兴衰。当那个时代发展到极致后，新启蒙者则提出要"告别革命"。告别还是不告别，那是由"时势"当家的，个人愿望无能为力！

时势英雄：弄潮儿

被时代拉着走，还是领着时代走，关键是，要做时势英雄，也必须有能力来做"弄潮儿"。把握时代变迁的脉搏，赶得上时代的步伐，还得领先一步，至少不能落后，才可以做"弄潮儿"。作为时代的领导人，就要有这样的眼光和魄力，做时势英雄。

费孝通说：

> 从整个社会看，一个领导的阶层如果能追得上社会变迁的速率，这社会也可以避免因社会变迁而发生的混乱。英国是一个很好的例子。很多人羡慕英国能不流血而实行种种富于基本性的改革，但很多人忽略了他们所以能这样的条件。英国在过去几个世纪中，以整个世界的文化来说是处于领导地位，他是工业革命的老家。英国社会中的领导阶层却又是最能适应环境变动的，环境变动的速率和领导阶层适应变动的速率配得上才不致发生流血的革命。英国是否能保持这个记录，还得看他们是否能保持这种配合。

这一段对一个社会里领导阶层的人，会很有启发。如果慈禧之类的大清权贵当年能有幸读到这样的文字，从而改变策略，大清的命运也许会改写，中国的命运也许会改写。可惜历史不能重来。不过，后来人可以借鉴历史教训，不要再是"后人哀之而不鉴之，亦使后人而复哀后人也"。

变迁中的"注释"：应对变迁的策略

在变迁缓慢的稳定的社会里，长老权力在统治着。在

"三年无改于父之道"的变化速度缓慢的社会，不致引起人事的冲突（其实是一种压制下的稳定），子弟们以无违父之道来接受传统，不允许发生"反对"，以下犯上。长老权力不能容忍反对：

> 长老权力是建立在教化作用之上的，教化是有知对无知，如果有所传递的文化是有效的，被教的自没有反对的必要，如果所传递的文化已经失效，根本也就失去了教化的意义。"反对"在这种关系里是不发生的。

同意权力则不同，容忍甚至鼓励"反对"。这是民主社会的基础："因为同意权力建立在契约上，执行这权力的人是否遵行契约是一个须随时加以监督的问题。"反对，也就是异议，是一个同意权力的必要部分。但是，横暴权力只有反抗，没有反对。时势权力，却因为对现实的理解不同，试验方法的不同，也会发生各种方案之间的竞争和斗争：

> 在不同方案之间发生了争斗，也可以称作"冷仗"，宣传战，争取人民的跟从。为了求功，每一个自信可以解决问题的人，会感觉到别种方案会分散群众对自己的方案的注意和拥护，因之产生了不能容忍反对的"思想统制"。在思想争斗中，主要的是阵线，反对变成了对垒。

费孝通对时势权力的这一洞察，我们并不陌生。即使在美国这样的民主社会里，这种时势权力也通过政党之间的竞选来展现了"阵线"和"对垒"。当然，这是在思想多样性、自由竞争的社会里发生的，不会只有"一个声音"，而是"百家争鸣"。

一旦牵涉到思想的事情，它必然也有个传统的继承与新时代的变迁的问题。回到乡土社会里的长老权力上说，这个权力来自传统，那些反对被时间冲刷，变成了"注释"。看看中国思想史上，自春秋战国"百家争鸣"之后，汉代定于一尊——"独尊儒术"，后人都是对前人经籍做"注释"，以适应新时期的变化。汉代的"今文""古文"之争，也可以看作这种变迁中的一种张力。人们试图对前人的经典做权威的解读，以此来回应时代的环境。比如，汉代"今文"因为迎合了皇权的需要，获得了支持而得以发扬，"古文"派被边缘化："在注释的方式中求和社会的变动谋适应。"

"注释的变动方式可以引起名实之间发生极大的分离"，这是本章的核心思想。

在长老权力下，传统的形式是不准反对的，但是只要表面上承认这形式，内容却可以经注释而改变。结果不免是口是心非。在中国旧式家庭中生长的人都明白家长的意志是怎样在表面的无违下，事实上被歪曲的。

其实，传统上皇权的执行在下面也是同样的"表面的无违"，实际上完全是两回事。我在研究生期间做的论文研究的基层社会的运作，同样是这类两种方式的运作，可以真的"无违"，也可以"表面的无违"，但在这中间，有着丰富多彩的游戏空间，是个双线运作、纠缠不清的社会。

按照费孝通所说：

> 虚伪在这种情境中不但是无可避免而且是必需的。不能反对而又不切实用的教条或命令只有加以歪曲，只留一个面子。面子就是表面的无违。名实之间的距离跟着社会变迁速率而增加。

这种名实之间的分离，不纯粹是有害的，所谓道德上的"虚伪"，而事实上却是有正功能的。如果不允许反对的"命令"下来，而这个命令实际上是"混蛋愚蠢的"，你就得想办法做到"表面的无违"。

社会是鲜活的，变动着的。在长老统治下，不容许反对，就只有这种"名实之间的分离"，以"注释式歪曲原意"。"挟天子以令诸侯的结果，位与权，名与实，言与行，话与事，理论与现实，全趋向于分离了。"能说的不能做，能做的不能说，成了一个社会运行的密码，或者叫潜规则。御用文人笔下可以把乱世粉饰为太平盛世，成了一个大"伪"的社会。

继承传统与变迁革新之间：走出乡土的一个张力

在近代中国乡土社会向现代社会转型过程中，从未有过的打破传统、去掉传统的反传统浪潮一浪接过一浪，甚至"五四运动"以来人们要政治正确就要摆出一副"反传统"的样子。在走出乡土的过程中，传统其实已经被去掉得太多了，我们失去了原有的价值观念来守护我们的人生底线，危害社会的造假大量出现：毒奶粉、假鸡蛋、黑心棉、注水肉、假药、假酒等，信任几成稀有品。我们在这个千年未有之大变局里，对价值观的守护还不如五代十国时，那时候人们的基本价值观还在延续，因为那个时代没有如此激烈的现代化和反传统。

在继承传统与变迁革新之间，一个张力让走出乡土的中国处在困境之中——原来的被打破了、新的还没有形成产生的价值缺失的真空。对传统价值观，可重新解释，也可以"注释"的方式，注入新的内容，保持连续性。社会主义核心价值观的确立一定要在继承传统和接续世界一体的人类共识的价值观的基础上，才能真正实现中国在全球化时代与世界和谐共处的愿望。

如果费孝通在名实分离的分析上再向前一步，可以猜测，他会看到这个"名"，比如"大同社会"的理想，这样的传统价值观也是有着其社会功能的。即便名实关系是分离的，

"名"依然可以发挥其"乌托邦"的未来指向的作用。比如，社会学家科塞在强调乌托邦的积极社会功能时说："乌托邦不仅是一种有助于产生想象和希望之视野的载体，而且这种寄希望于未来也是当下指导行为和探索价值观的源泉……"[1]在这方面，马克斯·韦伯这位最富有理性的、以理性化的现代社会为终身研究志业的社会思想家曾这样说："的确，一切政治经验都在证实这一真理——人们不可能得到可能的东西，除非他已多次为着不可能的事物而伸出他的双手。"[2]

总之，名实之间的关系是一个很复杂的关系。具体语境下需要讨论具体的名是什么，实又是什么。这二者之间的张力该如何平衡。这些都是需要思考的理论和实践问题。

一点题外话：社会学家的责任

作为社会学家，如默顿所说：

> 不是所有的危害人类社会价值观的条件和过程都被认识到了。社会学家就要去发现和告知人们坚守特定价

---

[1] 转引自 Lewis Coser, "Utopia Revisited", *A Handful of Thistles: Collected Papers in Moral Conviction,* New Brunswick, NJ: Transaction Publisher, 1988, p.77。

[2] 同上，p.81。

值观和实践的后果，就像他们发现和告知人们背离这些价值观和实践的后果一样。[1]

在走出乡土社会的当下中国，传统的价值观念我们要批判地继承。社会有它的裂变性，不然不会有新的世界，但也延续其传统性。社会学家就要尽力发现这个隐藏的文化和价值基因，看看我们的坚守与背离将会带来什么样的后果。能做到这一点的人，也许就拥有了"时势权力"。

背离传统的苦果，我们似乎已经吃得不少了。但是，如何从中吸取教训，在新环境下既承接传统，又做出符合现代的新的价值的有机组合，是时代知识分子要面对的一个课题。

顺便说一句，这章内容本身已经远远超出了乡土范畴，如同一些《乡土中国》的读者所指出的，该书后面几章，已经不在乡土范围内分析了。《名实的分离》这一章也是其中一个体现，表现了费孝通"一匹脱缰的野马"似的做学术的风格——也正是这个特点使得他的文章，各处散落着智慧明珠，给人很多启发，胜却时下许多有形式规矩却无思想和智慧的八股文。因此，我们在理解费先生的这些文章的时候，不可拘泥于乡土社会了。比如《名实的分离》这一章，则可理解为人类社会里一个共同的不可避免的课题：传统与现代、名与实的一致与分离。

---

[1] 转引自 Lewis Coser, "Letter to a Young Sociologist", *Sociological Inquiry,* Vol.39, No.2（Spring 1969），p.136。

十四　从欲望到需要：从知识到工程

"知识就是力量"，这是现代化过程中，科技的发展带来的"时势权力"。但是，科学知识在现代化中，一度也给人类带来了很大的狂妄，以为人类可以取代上帝。尼采大呼："上帝死了！"这是科学主义极端化的结果。费孝通写作《乡土中国》的那个时代，原子弹已经在结束"二战"中显示了前所未有的巨大威力，但人们对科学的反思还未显露。

理性和科技力量伴随着现代化日益发展，国家干预的社会工程或者计划也随之兴起。比如，美国的罗斯福新政就有政府计划干预社会就业的经历；早些年的苏联集体化、中国的新生活运动，以及各种乡村试验等，都可以说是这种社会工程的体现。人们总以为用现代科学知识，人类社会就可以大规模做社会改造了。1949年之后延续了社会计划和工程思维，"大跃进"、大锅饭和人民公社就是这种计划和工程的实践典型。这是一种现代化语境下的"需要"。

《乡土中国》中的《从欲望到需要》的中心思想，就是走出乡土的现代社会，因为某些人掌握了科学知识而具有了"时势权力"，知识就是力量，他们可以帮助普罗大众把"欲望"变成"需要"。比如，吃辣子，原来是欲望，就是好吃、下饭，现在知道了辣子里有人体需要的维生素之类的营养成分，所以人们自觉地去吃它，变成了身体健康的"需要"。

然而，费孝通没有看到这种现代科学知识本身，在现代性里需要一种反思。对知识的反思，这是英国社会学家安东尼·吉登斯在《现代性之后果》[1]里所强调的。

《从欲望到需要》这一章仍然是讲"时势权力"的，由科学知识和技术带来的权力。费孝通由此联系到当时人们常常听到的社会计划，或是社会工程的说法。这种说法延续至今，比如，希望工程、新农村建设、扶贫计划等。工程思维本身是从自然科学里借鉴过来的，用之于社会，则会有不少误导，造成社会改造中人类的自负。

费孝通说："很明显的，这套名字是现代的，不是乡土社会中所熟习的。"这也是"时势权力"与"长老权力"的区别，前者说明社会变迁带来的"知识"的重要，后者说明稳定社会中"传统文化"的重要。

---

[1] Anthony Giddens, *The Consequences of Modernity*, Stanford, CA：Stanford University Press，1990.

行为的目的性和动机

为了分析从欲望到需要的社会变迁,费孝通区别了欲望和需要这两个概念。他强调了人类行为的目的性和动机,正是由此才出现了取舍选择来达到目的。费孝通说:

> 观察人类行为,我们常可以看到人类并不是为行为而行为,为活动而活动,行为或是活动都是手段,是有所为而为的。不但你自己可以默察自己,一举一动,都有个目的,要吃饭才拿起筷子来,要肚子饿了才吃饭……总是有个"要"在领导自己的活动;你也可问别人:"为什么你来呢?有什么事吗?"我们也总可以从这问题上得到别人对于他们的行为的解释。于是我们说人类行为是有动机的。

当然,人类行为不都是这样具有动机的,无意识的行为还是有很多的。其实人类行为的目的论缺陷已经在学界被指出了。不错,人类与动物的本质区别是富有思维和理性,理性指导下的行为具有了目的性。然而,由于现代科学的发展,在解释行为时把人类理性的作用夸大了,成了泛目的化,将目的注入人的一切行为之中。在费孝通写作《从欲望到需要》

的年代，行为主义正在盛行，对理性和目的论的反思在中国学界还没有得到注意。这是那个时代的特征，对计划和工程的推崇也是那个时代的主流。

费孝通接着说：

说人类行为是有动机的包含着两个意思，一是人类对于自己的行为是可以控制的，要这样做就这样做，不要这样做就不这样做，也就是所谓的意志；一是人类在取舍之间有所根据，这根据就是欲望。

为什么说欲望是取舍的根据呢？因为"欲望规定了人类行为的方向，就是上面所说要这样那样的'要'"。这是个心理学的词汇，当然也是我们日常的用语，而且这"欲望"时刻不离我们。人一旦无欲，要么与上帝同在了，要么与佛一体了，总之已经不是人了。这个"要"，这个"欲望"引导着人的行为，得到满足了就愉快，得不到就不舒服。不过，哲学家、大文豪萧伯纳说："人生有两种悲剧：一种是没有得到你心里想要的东西；另一种是得到了。"看来哲学家的思维就是不一样，萧伯纳这句话颇耐人寻味。

回到费孝通的分析，他把中文的"要"与英文的"want"进行了比较：

在英文里"欲望"和"要"都是want，同时want也作"缺乏"解。"缺乏"不只是一种状态的描写，而是含有"动"的意思，这里有股劲，由不舒服而引起的劲，他推动了人类机体有所动作，这个劲也被称作"紧张状态"，表示这状态是不能持久，必须发泄的，发泄而成为行为，获得满足。欲望—紧张—动作—满足—愉快，那是人类行为的过程。

费孝通这里给了一个过程公式，但并不是事实上都这样发生的。欲望也可能得不到满足，有些欲望还必须抑制，不然这个世界会很混乱。因此，他接着提到了自觉和控制。他说：

> 欲望如果要能通过意志对行为有所控制，它必须是行为者所自觉的。自觉是说行为者知道自己要的是什么。在欲望一层上说这是不错的，可是这里却发生了一个问题，人类依着欲望而行为，他们的行为是否必然有利于个体的健全发展和有利于社会间各个人的融洽配合，社会的完整和持续？

这就从个体行为与群体生活的关系来看问题了。我们注意到这里提到了"自觉"一词，这是《乡土中国》首次提到这个词，而且是在最后一章。在数十年后的改革开放年代，在全球化席卷中华大地的时代，费先生继续了对这个"自觉"的探索，提出了"文化自觉"的概念。通过文化自觉，人类在这个多元文化的地球村时代，实现"各美其美，美人之美，美美与共，天下大同"的理想。

"自觉"是这个时代理性发展对欲望和情绪的控制所不可缺少的。我读研究生时，在沙莲香老师的"社会心理学"课上写了一篇《态度自觉》的文章作为作业。如果个人可以做到态度自觉，明了自己可能的偏见，就会减少很多不必要的纠纷和冲突。——这是题外话了。

回到个体行为与群体生活的问题上，不能不对人类的欲望有所自觉和控制。这里显示了费孝通的超越性，超出了道德的说教，回到了学理的社会事实来看待这个问题。他说：

> 这问题在这里提出来并不是想考虑性善性恶，而是从人类生存的事实上发生的。如果我们走出人类的范围，远远地站着，像看其他生物一般地看人类，我们可以看见人类有着相当久的历史了，他们做了很多事，这些事使人类能生存和绵续下去，好像个人的健全发展和社会的完整是他们的目的。但是逼近一看，拉了那些人问一问，他们却说出了很多和这些目的毫不相关的欲望来了。

这里即是说，我们给他人行为附加上的目的，在他们自己看来可能不是这回事儿。这是我们对行为解读或者解释的一个很大的方法论难题。但是，也不能因此而不予解读，只不过要注意这一点，要谨慎，有这个意识。比如费孝通举的例子，就是我们根据所见而猜测的目的与他们说的不是一回事：

> 你在远处看男女相接近，生了孩子，男女合作，抚养孩子，这一套行为是社会完整所必需的，如果没有孩子出生，没有人领孩子，人类一个个死去，社会不是会乱了，人类不是断绝了吗？你于是很得意地去问这些人，他们却对你说："我们是为了爱情，我们不要孩子，孩子却来了。"他们会笑你迂阔，天下找不到有维持人类种族的欲望的人，谁在找女朋友时想得着这种书本上的大问题？

其实这里回应的就是，行为的目的与后果不一定一样。当然，费孝通这里的目的其实与下面的理性下的"需要"一样——比如对维生素的需要——都是属于非理性下的欲望目的。"书本上的大问题"是现代科学理性的产物。

欲望是文化事实

费孝通接着又列举了一些例子来说明这种自觉的欲望支配引导的行为，而他们的目的与我们远远地看上去是不一样的。比如：

> 你在远处看，每天人都在吃淀粉、脂肪，吃维生素

A、维生素C，一篇很长的单子，你又回去在实验室研究了一下，发现一点不错，淀粉供给热量，维生素A给人这个那个——合于营养，用以维持生命。但是你去找一个不住在现代都市的乡下佬问他，为什么吃辣子、大蒜，他会回答你："这才好吃，下饭的呀。"

这个对比很鲜明地告诉我们传统的欲望与现代的需要之间的差别。差别就在于根据的不同，好吃、下饭，根据是自己的感觉，即"自觉"（我觉得这里的"自觉"概念已经不同于后来费孝通提出"文化自觉"里的自觉，前者是"爱情，好吃，是欲望，那是自觉的"，后者是了解基础上的觉悟，或者如冯友兰《人生哲学》里的"觉解"）；而维生素、淀粉、脂肪之类的维持生命的要素，则是根据现代科学知识而"需要"的。

这里费孝通给出了欲望的基本定义："欲望是什么呢？食色性也，那是深入生物基础的特性。"而微妙的是，这些人类的欲望，"尽管要这个要那个，结果却常常正合于他们生存的条件"。比如，上面所说的爱情、好吃："为了种族绵续，人会有两性之爱；为了营养，人会有五味之好。"这似乎是一只"看不见的手"在操控着人们。费孝通恰好把亚当·斯密搬来了。他说：

因之，在19世纪发生了一种理论说，每个人只要能"自私"，那就是充分地满足我们本性里带来的欲望，社会就会形成一个最好、最融洽的秩序。亚当·斯密说"冥冥中那只看不见的手"会安排个社会秩序给每个为自己打算的人们去好好生活的。

这里很明显，费先生一定程度上误解了亚当·斯密先生的理论，我在前面的章节专门讲了亚当·斯密的两本书的启示。费孝通没有看到《道德情操论》里的理论，也误解了"看不见的手"。"看不见的手"的观点是现代市场经济的基础，那只手是"价格机制"，而不是传统里的无意识行为的安排者。当然，费先生这一伏笔就是为后面的"计划"设想铺设的，把这只"看不见的手"归给了传统，基于现代科学知识的"计划"才是现代的。殊不知，亚当·斯密开启的是现代经济学理论。

费孝通接着说亚当·斯密：

> 这种理论所根据的其实并非现代社会而是乡土社会，因为在乡土社会中，这种理论多少是可以说正确的，正确的原因并不是真是有个"冥冥中"的那只手，而是在乡土社会中个人的欲望常是合于人类生存条件的。

那么，乡土社会是什么在主导着这种"合于人类生存条件的"个人欲望呢？是"文化事实"，而不是"生物事实"。这里显然又回到了文化的功能论（其实，价格机制对人类经济行为的调节也是一种文化事实)。

文化事实是这样的:

> 人造下来教人这样想的。譬如说,北方人有吃大蒜的欲望,并不是遗传的,而是从小养成的。所谓"自私",为自己打算,怎样打算却还是由社会上学来的。问题不是在要的本身,而是在要什么的内容。这内容是文化所决定的。

这里更深一层说,是在现有物质环境条件下发展出来的文化来决定的。文化从根本上说是当地的外部物质环境对人生存的影响的反应物。虽然环境与文化是互动的,但外在环境更具有决定作用,尤其是在人改变环境能力较弱的时代。比如贾雷德·戴蒙德的名著《枪炮、病菌与钢铁:人类社会的命运》[1],探讨了人类过去13000年的文明发展历史,指出了不同的大陆上产生了不同的社会和文化差异的原因,在于各大洲的可驯化植物和动物的地理分布以及所处地理纬度的高低。这就是说,文明和文化差异的深层原因在物质环境,包括地理位置、气候、可生长或可驯化的动植物等。

欲望是文化事实,但并不能说"一切文化事实都是合于

---

[1] Jared Diamond, *Guns, Germs and Steel: The Fates of Human Societies*, New York: W. W. Norton, 1997.

人类生存条件的"。这是一个关键点,这才是现代社会要解决的一个问题,并出现了科学知识来解决这个问题。随之产生的是"需要"。

"文化中有很多是与人类生存条件无关甚至有害的。"比如吃文化就很不一样,吃的东西不一定都是需要的、有营养的,甚至有的是有害的。"病从口入",哪些可吃,哪些不可吃,哪些不可同吃。中国医学发展出了"食药同源",食品可以是补品,这也是科学知识,只不过有些极端科学主义者不承认其是科学而已。

到这里,"生存"都是第一要义。但是,费孝通开始拓宽考虑问题:"再说得远一些,我常觉得把'生存'作为人类最终的价值是不太确切的。"人不是其他动植物:

> 最重要的,在我看来,就是人在生存之外找到了若干价值标准,所谓真善美之类。我也常喜欢以"人是生物中唯一能自杀的种类"来说明人之异于禽兽的"几希"(事实上动物中也有会自杀的,比如鲸类、旅鼠等。——笔者注)。

但是,费孝通这个偏题是为了说明,尽管人类有真善美这样的价值标准,但不利于生存的或无关的在时间里都被淘汰了。淘汰的力量不仅在文化之内,也有文化之外的:

> 我们可以觉得病西施是美,但是自然却并不因她美

而保留她，病的还是要死的，康健才是生存的条件。自然不禁止人自杀，但是没有力量可以使自杀了的还能存在。

所以，一种理论说法出现了。费孝通用了孙末楠在《社会习俗》里的理论来说明行为与思想的关系："人类先有行为，后有思想"，而"决定行为的是从试验与错误的公式中累积出来的经验，思想只有保留这些经验的作用，自觉的欲望是文化的命令"。按照费孝通所说：

> 在一个乡土社会中，这也是正确的，那是因为乡土社会是个传统社会，传统就是经验的累积，能累积就是说经得起自然选择的，各种"错误"——不合于生存条件的行为——被淘汰之后留下的那一套生活方式。不论行为者对这套方式有怎样说法，它们必然是有助于生存的。

试错论积累的还有知识，不仅仅是经验。社会科学可以从经验积累知识，这也是英国自培根时期的经验主义（实验主义）的传统，不仅仅是乡土社会的经验积累的社会事实。

更重要的一点接着出来了，就是有些行为与目的实际上毫无关系，但是在一定的文化里给一个"虚拟"的关系，把二者联系起来了。费孝通说：

> 在乡土社会中有很多行为我们自以为是用来达到某

种欲望或目的，而在客观的检讨中，我们可以看到这些行为却在满足主观上并没有自觉的需要，而且行为和所说的目的之间毫无实在的关联。

比如巫术，驱鬼："驱鬼，实际上却是驱除了心理上的恐惧。鬼有没有是不要紧的，恐惧却得驱除。"

不过，"鬼"是有的，信不信由你。顺便说一点，有句老话叫："近了怕鬼，远了怕水。"因为近了，你熟悉那个人生活时的样子，容易在心里出现其幻影；远了则缘分浅，也没有他的印象，自然不容易有那种活生生的幻觉。距离近的河水，知道深浅，远了则不了解其深浅。鬼之怕在于熟悉，水之怕在于陌生。就如同走出了乡土，没了鬼的可怕，但怕一种"陌生"，会给人带来隐隐的焦虑和恐惧。

费孝通自己在其他文章里曾说过，他愿意生活在有"鬼"的世界，那里是熟悉的社会，有人与人的亲密感情，才有了他们死后的鬼。

从欲望到需要：现代意义上计划的诞生

乡土社会里欲望虽然经过文化的指导，可以合于生存条件，但并不是自觉的、有计划的："乡土文化中微妙的配搭可以说是天工，而非人力，虽则文化是人为的。"是的，计划就是要以"人力"取代"天工",以"看得见的手"取代"看不见的手"。费孝通认为乡土社会里的天工这种不自觉的印合,有其弊端,那就是"如果环境变了,人并不能作主动的有计划的适应,只能如孙末楠所说的盲目地经过错误与试验的公式来找新的办法"。

在乡土社会里,环境变化慢,文化变化速度也慢,人们有时间来从容地盲目地试验,错了也不致有大的损失。但是现代社会自工业革命以来,变迁速度增快,不能再按照原来乡土社会的试错来生活了。费孝通批评美国这样的社会也还有那么大的势力反对计划经济:

> 像美国那样发达的文化里,那样复杂的社会里,居然还有这样大的势力在反对计划经济。但是这时候要维持乡土社会中所养成的精神是有危险的了。出起乱子来,却非同小可了。

这里费孝通把"看不见的手"的市场看成了乡土社会的特征了,现代社会是要计划经济的。这是一个误读。要搞计划经济工程,这是那个时代中国知识界的典型思维(也许这是后发现代化国家急于追求现代化的通病)。不久前,我读到了天则经济研究所李蕴哲发来的《计划经济的起源》的文稿,探索的就是民国之初甚至更早,国人就开启了计划经济思维,并且几乎在整个民国时期,知识分子一直以之为主流思想。

国民政府要实践计划经济，惜乎政府没有力量实现这个愿望。直到中国共产党接管了政权，延续了计划经济的思维，加上政权能力可以做到，就开启了我们1949年之后、市场经济时代之前那段计划经济时代。

在费孝通写作《乡土中国》之时，西方的思想家哈耶克已经于1944年在英国出版了《通往奴役之路》一书，批判的就是计划经济。几个人做全国的计划，智慧、知识和信息都太有限了，哈耶克强调地方性知识是分散在各处的，中央难以获取，所以必须由市场来实现这个知识的搜集和利用。

进入"大数据时代"，海量的数据信息可以为计划提供很多帮助，但是数据多是过去的，即使是即时的，未来总是有很多不确定因素，而且大数据依然有其局限，加上根据数据提取信息的理性能力的有限，在可预见的未来，社会计划工程依然需要谨慎进行。

费孝通认为从欲望到需要的理由是，变化快的社会，要有自觉的生存条件，即"需要"：

> 社会变动得快，原来的文化并不能有效地带来生活上的满足时，人类不能不推求行为和目的之间的关系了。这时发现了欲望并不是最后的动机，而是为了达到生存条件所造下的动机。

这时候，他又求助于功能理论了："于是人开始注意到生存条

件的本身了——在社会学里发生了一个新的概念,'功能'。"什么是功能:

> 功能是从客观地位去看一项行为对于个人生存和社会完整上所发生的作用。功能并不一定是行为者所自觉的,而是分析的结果,是营养而不是味觉。

这样,"我们把生存的条件变成了自觉,自觉的生存条件是'需要',用以别于'欲望'"。

因此,在现代社会人们具有这种自觉生存条件的"需要","人开始为了营养选择他们的食料,这是理性的时代"。理性是现代社会的一个主要维度,是科学开启的时代。费孝通说:"理性是指人依了已知道的手段和目的的关系去计划他的行为,所以也可以说是科学化的。"

因为这种自觉的生存条件的"需要",在科学日益昌隆的时代,最终知识成了"时势权力"的决定因素,知识即是权力,因为"在这种社会里生活的人要依他们的需要去做计划"。乡土社会与现代社会对照而言:

> 乡土社会是靠经验的,他们不必计划;因为时间过程中,自然替他们选择出一个足以依赖的传统的生活方案。各人依着欲望去活动就得了。

其实人类活动自始至终都不会少了计划，乡土社会里日常活动不需要计划筹备，是不可能的。比如乡村水利工程，即使在乡土社会里，怎能没有计划？只不过不是依着所谓现代科学知识的计划而已。而这种乡土社会自然也不会发生由社会计划和工程带来的损失。

社会工程：可能是致命的自负

在《乡土中国》中《从欲望到需要》这一章里费孝通对"需要"和计划的分析不能说没有道理，但是他对社会工程和科学知识过于乐观了。后来计划经济的事实也让费孝通看到了计划的后果。在改革开放市场经济时代他怎么来回头看待这章内容，我们不得而知。但是，我们必须明白，不仅在自然界的大坝工程和伐林造田等会造成很大的负面影响，而且社会工程或者计划更容易造成大损失，更需要谨慎了。1998年美国政治学家詹姆斯·斯科特出版了《国家的视角：那些试图改善人类状况的项目是如何失败的》[1]一书，通过大量的事实，比如苏联集体化、坦桑尼亚的强迫村庄化，还有中国的"大跃进"等，来说明人类在社会计划和工程上的自负是

---

[1] James C. Scott, *Seeing Like a State: How Certain Schemes to Improve the Human Condition Have Failed*, New Haven: Yale University Press，1998.

虚妄的，只会造成惨重的损失。

为什么不能按人类制定的社会计划来做呢？詹姆斯·斯科特提出了地方知识和地方实践的概念。在计划中，知识的规范来自科学家们的正式知识，这种知识很具有普遍性，但是这些科学家们蔑视非正式知识——那些地方性知识，也就是微观的个人性的社会学的知识。比如始建于20世纪、非常宏伟壮观的巴西首都巴西利亚，其城市设计是极端现代主义的。这座城市为了追求方便和效率，把行政区、商业区、工业区、居住区等划分得非常严格，只见现代化的交通和宽敞的马路，但不见热闹的街角和马路两旁延伸的长长的店铺。这座城市没有拥挤的人群，但是单调乏味，缺乏生活情趣。这种设计虽然符合某些美学审美趣味，但那不是真实的生活所需要的美学。

詹姆斯·斯科特总结了那些大型社会工程项目之所以能够得以实施，在于四个条件的满足：一、国家有这个愿望，因为要使国家与社会简单化，方便管理；二、社会的极端现代化意识形态，人们对于科学和技术进步、人们生活欲望的满足，以及对自然的控制的极端自信；三、一个独裁主义的国家（才有能力执行计划）；四、软弱的公民社会，也就是公民没有对抗国家强行实施那些社会项目的能力。

在这四点中，第二点就是人们对科学和技术进步的过度自信，太迷信科学，而且具有极端现代化意识形态。这与我们当年计划经济的思想不无关系，那时我们太急于追赶现代化了,结果过犹不及,成长必须有个过程的。现代社会已经明显具有了"风险社会"的特征(乌尔里希·贝克著有《风险社会》),这种风险具有不可控性。社会计划项目也一样,因为民间智慧和地方性知识/实践的缺乏,仅仅有限的科学家/专家的知识是远远不够的。现代社会的复杂体系,比如金融体系,已经超出了人们的控制能力。2008年美国爆发的金融危机,美联储主席格林斯潘就不知道到底这个系统哪里搞错了。危机来了,控制不了,什么时候到来,也不知道。这次经济危机也再次打击了狂妄的经济学家们,尤其是货币主义者们的狂妄气焰(货币学派以为只要控制了货币的投放,在利率和失业率之间进行调控,就可以控制经济发展了)。

全球化的世界,人们都被捆绑到一个大系统里了,世界体系复杂之程度超乎想象,更不是乡土社会里的人们可以想象得到的。即使一个国家的内部,也同样是一个极为复杂的系统。因此,在社会项目计划上就必须谨慎小心,比如当下的新农村建设。对任何社会项目一定要注意詹姆斯·斯科特提出的几点,我们不能太自负,太信任专家系统而忽视地方性知识和实践,认清现代化已经过于意识形态化,不能搞激进。新农村建设不能不顾地方性知识和实际,把农民们赶鸭子上架,强迫上楼。农民住上了楼房,但是缺乏整个配套的生活安排,包括收入来源、生活方式、习惯等。据说现在有些村庄合并了,然后大家一起盖楼房,实现城镇化,节省下大量土地。我们先不怀疑这个社会项目的目的,但其做法是否合适，我们必须深究。这是个复杂工程，影响的是几个亿的人，怎能那样妄自尊大，以"强拆"来"强迫"村民的城镇化？

最近听说贺雪峰和周其仁二位教授关于农村土地与城镇化有个大争论。有争论比没有争论好。走出了乡土，还能回到乡土吗？离开了乡土之后，还有个"老家"作为后盾，或者"退路"，与没有这个后盾和"退路"，心理上的感觉还是不一样的。冯友兰出来念书、做官，他的母亲告诉他，什么时候外面不行了，就回家来，这个家就是后路。当然，冯友兰也不会回去，但有没有他母亲支撑的乡村里的这个家还是不一样的。

知识可以成为力量，也可以增长愚妄！

我们整个国家都在追求现代化中，似乎太急于走出乡土了。摆脱了乡土的社会，也缺乏了"土地爷"这尊保护神；走出的过程中，大概需要为我们千百年的守护神留下一个神龛，庇护着我们艰难地走出乡土！旅程中，我们才可以不时地回望回望！

附录:《乡土中国》60年杂话

　　费孝通先生仙逝已三年矣,总想写点什么寄托怀念。斯人已去,著述尚存,且似乎历久而弥新!读其书继其学,也许是悼念费先生的一个比较好的方式。我读过费孝通先生的几乎所有公开发表的作品,尤其偏爱《乡土中国》以及《皇权与绅权》里的几篇文章。《乡土中国》出版于1948年的4月,《皇权与绅权》则出版于1948年年底。60年过去了,60年是一个甲子,也是一个轮回。

　　因为《皇权与绅权》是费孝通先生和吴晗先生合编的集子,这里就专谈《乡土中国》吧。对此书我读过几遍,自己也记不清楚了。1948年的观察社繁体字竖排版本,1998年与《生育制度》一起由北京大学出版社出版的简体横排版本,还有1992年由美国加州大学出版社出版的英译本,我都看过,前二者都曾通读,英译本只是看了其中的部分内容。看英译本主要是想看看一些中文表达译者是如何向西方读者解释的,从这些解释很可以看出因文化上的差异带来的理解上的差异。

自从费孝通的《乡土中国》出版之后，半年里重印四次，总数11 000册。作为学术著作，在当时可以说很了不起了。之后许多人了解中国社会结构和文化，都在读这本薄薄的大书。在改革开放前的中国大陆的特殊年代，这本书连同费孝通的其他作品几乎绝迹了，但在台湾和香港还有人在读。在台湾因为官方禁止印售费孝通的著作，有人就弄个假名字出版销售，供应读者。那么这本书本来是写给谁看的呢？按照费孝通在《后记》里所说，该书文章是他1946年从"乡村社会学"课程的讲稿中整理出的，而且是他第二期的工作，对社会结构做分析。以费孝通先生"志在富民"的远大抱负，这本书不会只是写给学生看的，也不只是给学术界的同行看的。我们看看当时是什么年代，抗日战争刚刚结束，内战又爆发了，不管是抗战之后，还是内战之后，都有个战后重建家园的问题。从费孝通的《乡土中国》的姊妹篇《乡土重建》可以看出，他是在为重建国家而谋划。作为一介书生，他必须让更多的精英尤其是政治精英了解他的思想和谋划，才可能发挥实际的作用。在这个时候，费孝通不失时机地出版了《乡土中国》，在理论上奠定基础，然后出版了《乡土重建》在理论基础上谋划重建措施。难怪英文版译者称该书文章也可以从政治文件（political document）的层面上来理解。此外，因为观察社在上海，也可以猜测，费孝通是在向上海的知识分子和官僚们"布道"。为了获得更多的读者，让更多的人理解中国社会的结构，费孝通采用了非严格的学术写作手法，直白、简洁、易懂，而且很富文采，读起来像散文一样有趣。"言之无文，行而不远"，《乡土中国》之所以依然受人青睐，也大概因为其"言之有文"吧。

但是，时事风云变幻，后来的事实证明费孝通写作《乡土中国》和《乡土重建》的努力和抱负只能在政治的海洋里淹没了。历史走向了一个费孝通没有预测到的轨道：阶级斗争的政治风暴和乌托邦的理想社会试验代替了他谋划的乡土中国的重建。很有意味的一点是，在以马克思主义的阶级分析日益主导中国社会政治和学术界的当时，费孝通的《乡土中国》竟然没有马克思主义的"阶级分析"，而且在论述"皇权与绅权"的文章里也是把中国社会从西周到秦作为封建社会来对待的。费孝通走的是改良的道路，而不是革命的路子。要在理解和尊重传统的基础上重建中国乡村社会，发展乡村工业，而不是通过阶级斗争摧毁传统，建立新社会。这怎么能符合"马克思主义理论"的分析呢？！因此，这些理论以及建立在其上的重建措施的命运自然不可避免了，理论的提出者费先生的"右派"之劫也就顺理成章了。也大概是"福兮祸所伏"的原因，历经沧桑，《乡土中国》依然生命勃发，而那些曾经红极一时的"作品"，则进入了历史的垃圾堆。

当然，历史无法重来，如果我们真的采用了费孝通的重建蓝图，后来中国的发展会是什么样子，谁也无法预测。但是，《乡土中国》对理解中国社会确实是难得的一本著作，中西方的学者，研究中国社会都绕不开这本小书。我们也必须注意到，这本书只是看到了中国社会的部分情况，绝对不是通过这一本书就可以完全地了解中国的传统社会。因为费孝通的乡村实际调查的代表性是很有局限的，云南三村和江村都是一个地方的情况。正像费孝通在《乡土重建》的第一篇里开头申明的："任何对于中国问题的讨论总难免流于空泛和偏执。空泛，因为中国具有这样长的历史和这样广的幅员，一切归纳出来的结论都有例外，都需要加以限度；偏执，因为当前的中国正在变迁的中程，部分的和片面的观察都不易得到应有的分寸。"把《乡土中国》对中国社会的描写当作一种见解是可以的，但不能当作全部事实。比如当时乡村的土地革命、党派的斗争在乡村的表现，以及乡村治理上的变化等都没有在《乡土中国》里体现出来。这样说，并不是我们苛求费先生，而是提醒现在的读者能注意到这一点。

　　读者还要注意的重要一点就是《乡土中国》描述的至多只是中国的乡村，而没有包括城镇和城乡关系。在《乡土重建》里，费孝通确实有几篇文章谈市镇以及城乡关系，但是远远不够。因为大家多看的是《乡土中国》，容易形成一个中国的图景就是乡土性的。陈映芳先生最近撰文就提出了这种看法，在一篇《传统中国再认识：乡土中国、城镇中国及城乡关系》里就对国内外学术界、思想界将"乡土中国"等同于传统中国、以"乡土性"概括中国传统性的学说和观念提出了质疑和反思。作者认为，近代中国的思想家和中西方人类学家、社会学者们借助于西方现代社会科学来建构"中国社会"的过程,其实也是他们参照"现代的、城市的西方",将既有的中国裁剪、过滤成"传统的、乡土的中国"的过程。在这个过程中,费孝通先生所描述的中国基层乡村社会的一些基本属性,被扩大为中国整体社会的本质特征,中国城镇社会、城乡关系的传统以及传统的城市性等,相应被忽略了。这样的结果,不仅中国的传统性被单性化,中国的城市性也成了纯粹的西来之物、无本之木,既无益于我们的文化自觉,亦不利于对现实中国城乡问题的把握。在研究"三农问题"的时候,《乡土中国》也是重要的参考书目,但是一定要反思和尊重现实情况。在了解传统中国在近代化过程中的变迁方面,张鸣的《乡村社会权力和文化结构变迁(1903—1953)》是一本弥补《乡土中国》不足的好书。这本书对动乱、战争以及新兴的党派等对传统乡村的影响都有精彩的论述。

在我看来,《乡土中国》还有一个方法上的值得反思的地方:对比的对象问题。一方面费孝通是在比较中国的乡村和城镇:

> 从基层上看去,中国社会是乡土性的。我说中国社会的基层是乡土性的,那是因为我考虑到从这基层上曾长出一层比较和乡土基层不完全相同的社会,而且在近百年来更在东西方接触边缘上发生了一种很特殊的社会。

该书重点在乡土社会，但是城镇社会是其对比对象。我们可以说，不了解城镇社会而描写乡村社会就不能以很好的城乡对比来写。另一方面，中西的对比。我的感觉好像费先生在拿中国的乡村和西方的城市生活对比。如果我没有理解错的话，这在方法上是有问题的。再一层就是古今的对比。在这方面应该说，费先生搬来孔夫子谈礼治社会和男女有别是可以的，但是问题是变化是什么？尤其是在近代化中的变化。给我的感觉，这个对比过于静态。虽然是描写社会结构的，但是社会结构也在变化。

在内容上，对"文字下乡"两节，我有一点不同的看法。费先生的观点是从功能主义的角度来分析的，从时空两个角度来看，乡村都不需要文字：

> 文字的发生是在人和人传情达意的过程中受到了空间和时间的阻隔的情境里。乡土社会是个面对面的社会，有话可以当面说明白，不必求助于文字。在这种社会里，语言是足够传递世代间的经验了。时间里没有阻隔，拉得十分紧，全部文化可以在亲子之间传授无缺。

这种从需要的角度来分析有一定的道理，但是不充分，一个解释可以是没有供应。经济学里有个供应学派，认为供应可以产生需求。而且，更主要的原因是乡民物质条件不够，有些资产的人的子弟不都要念私塾吗？因此，文字没有下乡，主要原因不是没有需要，而是没有供应，有供应也可能购买不起。现在文字是下乡了，而且父母和子女间主要不是上代教育下代，而是开始了文化反哺了。因此，现在的乡土面目和《乡土中国》所描写的乡土社会已经大相径庭了。但是，像"差序格局"这样的概念依然很适用于对中国社会结构的分析，很富有洞察力，虽然任何社会都不可能完全避开这种"差序格局"现象。这也是我们依然喜欢和绕不开《乡土中国》的一个原因。

写到这里，不能不提到学术名气和官位的问题。1949年以后的费孝通，在政府里做了官，后来被打成"右派"，恢复名誉后又做了官。虽然他也有学术上的成绩，但是像《乡土中国》这样有分量的学术作品，再也没有出现。他在改革开放后的名气，正像英文本译者所认为的，费孝通在时下中国的大名与其说是来自于他的知识分子角色，不如说更多地来自于他的政治地位。费孝通当过民盟主席，官至全国人大常委会副委员长，以国家领导人和学术泰斗的双重身份"行行重行行"。费孝通的大名在社会学、人类学界以外的大众视野里也频频出现，从而他也为社会学和人类学做了宣传工作。猜想大概不少人是从费孝通先生知道社会学的吧，因此，社会学的兴盛才更可能有了民众基础。时下有些人士也试图做到官大学问大的效果，可惜费先生有《乡土中国》《皇权与绅权》等不可多得的经典学术宏著，他们没有，徒有虚名增添笑料而已。但是要注意的是，往往"人微言轻"的同时，人地位高之后，说的话容易被不假思索地奉为真理。因此，在费先生位高权重的情况下，阅读其作品也一定要实事求是，有怀疑和反思精神。

不管如何，《乡土中国》这样的作品，已经经历了一个甲子的时光检验。它不仅不老，而且英气依然勃发。斯书如是，斯人已去！作为新一代的社会学学子，缅怀费先生，唯有读其书，继其学，以慰先生在天之灵！

2008年3月17日

作者后记：缺席的对话

这是一本缺席的对话记录。当我敲下书稿内容最后一个字，心头一片茫然。这14篇文字，我都说了些什么？本来预期的欣喜之情一点也洋溢不出。续貂之作，何堪回顾！

这本书的写作缘起在前言里已有交代，是2014年春季的一次回国探亲之旅给我的震撼。中国社会变迁之剧，实在是千载难逢。而我想写本关于"走出乡土"的书的念头，时隐时现地在我脑际也已多年了。时隔八年再次回国，所感所想促使我一定要尽快写出来。对这个伟大而繁杂的大变局时代做点探索，也不辜负生长在这个时代，做个见证人。

怎么写？我找到了费孝通先生近70年前的著作《乡土中国》，重读之际忽然有个想法，即在这本书框架基础上，来检讨一番这个时代的变与不变，就算一次缺席的对话吧。个人之间的对话已不可能，费先生已经仙逝近十年了，只能就文本本身进行对话。本书写作也是为了纪念费孝通先生，本打算在2015年4月费先生逝世十周年之际完稿的,因为一些事务拖延至今。

我知道以自己的学识才智来与《乡土中国》对话,实在力有不逮,但既然费先生当时也是把不成熟的成果端出来供大家讨论,我也就不揣浅陋,就自己所见、所读、所思的结果,以杂谈的方式,与《乡土中国》做次对话,以期抛砖引玉,供大家研讨时参考。

写作此书是一次探险之旅,也是一次朝圣之旅。既有着对往昔传统的怀念,也有着对未来生活的向往。说是探险,是因为开始并不知道这次旅程能走多远,沿途会有哪些风景和关隘,怀着惴惴不安的心情,几丝期待,几丝兴奋,2014年10月开始了写作。第一章写出来发给了几个朋友,同时发给了《书屋》杂志的刘文华编辑。他们的回信是我始料未及的,令人鼓舞。刘文华先生当天(2014年11月26日)就回信说:"这个系列,由我来首发了。"从2015年开始,《书屋》逢双期连载。其他朋友中,比如现为《学位与研究生教育》杂志编辑的老同学刘俊起回了一封长信,对第一章写作的优缺点都做了详细评述,并且说:"一百多年前,李鸿章曾说中国正面临'二千年未有之大变局'。实际上,当时所谓的变局,更多的是政治上的、国际关系上的变局,而最近几十年中国所发生的,才是真正'三千年未有之大变局'。这种变化,不仅意味着衣食住行、生产方式、政治制度的变化,还意味着社会结构的、社会心理的、社会文化的根本性改变。观察中国社会的变迁,我们这一辈人可能是最合适的,因为我们不但有十几年传统乡村生活的经历,更是一步步走出乡村,来到城市,甚至到了全然不同的国家,而且由于这种变化太过迅速,我们还能亲眼看到那个传统社会在短短几十年间发生的巨大的变化。所以,这本书由你来写,是最合适不过的了。"不管我是否最合适,但我确实冥冥中有写这本书的使命感。朋友们的来信也给了我很大鼓舞,使我坚持一章一章写下来。

说是朝圣之旅,是说这本书是我带着很深的情感来向乡土社会和走出乡土的人们的致敬之作。也正如俊起信中所说:"个人的经历决定了你对'乡土中国'的深切感受和复杂感情,既有一丝对乡村田园生活的眷恋,也有对它无可奈何的变迁的同情,还有对它走向'契约精神'和'法理社会'的期待。这与费孝通的'把我也融进去了'的'善解人意',其情相通。"对乡土社会留恋也罢,嫌恶也罢,其都在褪色。"风雨刷却尘土色,几丝乡愁上心头。"心理状态会随着物质环境变化而变化,乡村最明显的物质环境上的变化就是打麦场的消逝和耕牛的失踪。耕牛在20世纪80年代还是村民最宝贵的朋友,也是财富的标志,如今股市好了,还说是"牛市"呢。那时几乎家家养牛,为了耕地。打麦场的童年故事里有乡亲们的汗水与丰收,也有晚上睡在打麦场上数天上星星的悠远情怀。这些都不在了,就在短短的十几二十年的时间里。

"走出乡土"的岂止是村民们——"农民工们",那是整个中国在走出乡土,向现代化转型。费孝通的《乡土中国》是乡村研究,对乡村的分析,何尝不是对整个中国的概括。此书因为是散文杂谈方式,时不时穿梭在中西古今城乡之间,对乡土中国的分析既是乡村与城市社会的对比,也是中国与西方的对比。我在《〈乡土中国〉60年杂话》里对此做了一些分析,作为附录收在本书,是整体性评述《乡土中国》的一个补充。

我在写作中,本着对话原则,把费先生对乡土中国的分析,根据我的经历、理解和思考,进行适当的评说,同时把这些年的变化与之做对比,进行一些梳理和分析,以期可以给读者一些理解和解释我们当下的社会和生活的线索及启发。对《乡土中国》里费孝通先生的一些有局限的观点,比如对社会计划和工程的过于乐观,我进行了分析,指出其局限性,抱着以"同情的了解和了解的同情"态度,来更准确地把那个时代和这个时代做一个对比。为了对话的完整性,我对《乡土中国》的每章内容都尽可能全面介绍,让未读过《乡土中国》的读者也可读来无碍,读过的,也算做次温习,方便理解对话内容。

走出乡土,如同《出埃及记》里的人们,向往的是那"流着奶与蜜之地"。他们由摩西带领,有上帝的启示。而我们的走出乡土没有摩西,也没有上帝,是我们看不见却无处不在的"时代"的带领,所以也更为迷茫,更为艰难。梁鸿的《出梁庄记》曾以纪实文学的笔触记录了这个时代走出乡土的人们寻找"流着奶与蜜之地"的悲欢离合、辛苦恣睢、现实与期冀。

2006年1月1日中国政府全面取消农业税，这是划时代的大事。它表明了国家的收入主要来源不是农业了，而是工商业，农业生产方式让位了。生产方式决定了人们的生活方式、社会关系和社会结构。农业文明在被工业文明取代。

乡土中国的传统社会是熟悉社会，熟悉是前现代社会的特征。在现代化进程中，现代化的弊端也在不断暴露中，只不过我们转型之急速，把这些体验得更深刻、更刻骨铭心。英国当代社会思想家安东尼·吉登斯《现代性之后果》就现代性对当代人们生活的影响的分析是很有启发性的。当代社会最突出的特点是时间和空间的重组。我们已经生活在一个全球同一个日历的时代（中国还保留有农历），空间上几个、十几个小时就可以跨过太平洋，互联网和高速交通工具把世界变成了地球村。时空置换，把乡土社会里那种一辈子"生于斯，死于斯"的熟悉社会改变了，生活经验的连续已经为时空的重组和脱离所打碎。频繁的流动，熟悉的圈子也已不复存在；城市陌生人社会脱离了原来的熟悉社会，人与人之间都是理性的设防，而不是情感的汇融，冷漠是城市生活的特征。如社会心理学家斯坦利·米尔格朗所说，城市的庞大、密集和异质的人口给个人经验带来了"超负荷"，为了适应这种生活，都市人通过一系列的权衡把与不认识的人的联系减到最小。因此，城市里对门邻居毗邻数年也很可能不知对方是张三还是李四,更别说有乡下人的相互串门了。

面对陌生人的庞大的城市生活,不仅是冷漠,还有焦虑——本体性焦虑、对自我的存在感的焦虑。在乡土社会里,使用的工具和周身的环境几乎都是自己的一部分,这个镰刀是自己造的,锅灶是大哥搭的,种子是自己留的,千层底的鞋子是妈妈做的,等等;而在城市的现代社会,阿迪达斯的鞋子穿在脚上,不会有穿上"妈妈纳的千层底"的感觉。我们所拥有的"物"与"我"的疏离感,带来的是一种存在焦虑,一种不确定性焦虑;进而这是个风险社会,这是我们已经无法控制的庞然大物,这又增加了对未来不确定性的焦虑。

社会信任已逐渐由亲密产生的信任,转变到对系统的信任,就是对货币和专家系统的信任。货币信任是普遍信任,也正是这个普遍信任可以购买到你所想要的,所以追逐钱成了这个时代许多人最强有力的动机,甚至冲决了良知和底线。对专家系统的依赖,让教育成了社会各方博弈的大战场。可是,我们真的可以那么信任专家吗?

尽管如此,但现代文明是工业文明,是城市文明。城市是人类的最伟大发明之一,是城市快速推动了世界文明的进展。城市把各色人等汇聚在一起,多元的人才和密集的交流,让城市生活更丰富、更有趣、更有创造力,也为人们提供了更多的机会和选择。因此,城市人宁愿忍受空气污染、交通拥堵等诸多弊端,也要留在都市里生活。

社会的有机整体是包括城市,也包括乡村的。乡村也有乡村的好处，牛顿的伟大发明是在乡间躲避瘟疫时做出的。城与乡类似于阴与阳，必须平衡才是好的和谐社会。走出乡土的社会，我们也要把乡村建设好。但建设乡村不能对现代科学知识和技术过于自信，必须尊重乡村发展事实和文化，尊重地方性知识。比如把村民都赶到高楼上去住，"电灯电话，楼上楼下"，这是几十年前革命者给出的理想蓝图的一部分。这代农民真的住上了楼房，生活又如何呢？让村民都集体化，统一成公司。可是，这些人如何从村民转为公司职员？村民本来可以有不动的土地"安神"，"无农不稳"就是这个意思。可是走出自己土地后的老板比那片土地不可靠，老板说让员工走人，就得走人。资本主义就是"钱来说话"！村民脱离了"土地"的束缚，又进入了"工作职位"的束缚，甚至更没有了自由。这是一个吊诡。如今的社会转型，让全民都在焦虑之中，这是人们所始料未及的。

我们寄希望于政策制定者和执行者，对村民和走出乡土的中国有个"同情的了解"，放下傲慢自大和固执强硬，有柔软的一面，更多地结合地方知识、民间智慧和当事人的意见，使这个旅程少些艰辛、多些温馨、少些波折、多些稳健。

恰巧，在我写作本书期间，郑也夫老师在写一本《文明是副产品》的书，从阅读和之后的交流中，不时给我的写作以灵感。人类文明发展中的六大里程碑（外婚制、农业、文字、造纸术、雕版印刷以及活字印刷）的历史经验告诉我们，一部人类文明史不是人类的目的性行为所造就的，而是副产品。期待在我们社会走出乡土的过程中,也以不期然的副产品方式再造适应新环境的中华新文化。

谨以此书献给费孝通先生和在走出乡土路上的每一位同胞!

感谢许倬云教授、林南教授和郑也夫教授百忙之中拨冗写序言和推荐语。在书稿修改过程中,郑也夫老师的反馈助益很大。责任编辑王海燕为本书贡献的聪明智慧和辛苦努力值得特别感谢。在写作和修改过程中以下诸友都不同程度地给了我帮助、支持和鼓励,在此一并致谢,他们是伍国、陈心权、刘俊起、刘长喜、陈柏峰、李蕴哲、刘向光、赵枫岳、储卉娟、管兵、张龙、蒋世鸿、刘斌、朱永通、王国钦、朱军、田方萌、涂子沛、侯公涛,等等。这里挂一漏万,恕不能一一列出。

尽管反复校阅和修改,肯定还有错误和不足,欢迎读者朋友批评指正,以便再版时修订完善。

2015年6月1日初稿,8月1日修订